D 14

Diskussionsbeiträge
Reihe des Instituts für Politische Wissenschaft
an der Universität Hannover

O. Negt, D. Horster, J. Zimmermann, K. Christoph, H. Siebert, G. Schäfer

Theorie und Praxis heute

Ein Kolloquium zur Theorie
und politischen Wirksamkeit
von Jürgen Habermas

Diskussionsbeiträge: Reihe des Instituts
für Politische Wissenschaft – Uni Hannover

Materialis Verlag
Frankfurt – Hannover

ISBN 3-88535-132-3

Telefon (0 69) 45 08 82
Erstausgabe, 1990
Lektorat: Lothar Wolfstetter
Umschlagbild: Paul Zita
Gestaltung: Markus Eidt
Printed in Germany

CIP-Titelaufnahme der Deutschen Bibliothek

Theorie und Praxis heute / ein Kolloquium zur Theorie und Politischen Wirksamkeit von Jürgen Habermas. O. Negt ... - Frankfurt am Main : Materialis-Verl., 1990
(Diskussionsbeiträge / Institut für Politische Wissenschaft an der Universität Hannover ; 14)
ISBN 3-88535-132-3
NE: Negt, Oskar; Kolloquium zur Theorie und Politischen Wirksamkeit von Jürgen Habermas <1989, Hannover>; Institut für Politische Wissenschaft <Hannover>: Diskussionsbeiträge

Inhaltsverzeichnis

Vorbemerkung

Dieser Band der DISKUSSIONSBEITRÄGE geht zurück auf ein Kolloquium zum 60. Geburtstag des Frankfurter Philosophen und Soziologen Jürgen Habermas. Die Veranstaltung wurde von Hannoveraner Wissenschaftlern organisiert und im Oktober 1989 im 'Leibnizhaus der Universität Hannover' durchgeführt. Diskussionsleiter war Andreas Wang vom Norddeutschen Rundfunk.
Der vorliegende Band gibt nicht alle Redebeiträge der Kolloquiums-TeilnehmerInnen wieder. Er beschränkt sich auf die einleitenden (Kurz-)Referate, die in der abgedruckten Reihenfolge gehalten wurden. Diese - für die Drucklegung erweiterten - Beiträge nehmen in unterschiedlicher Weise auf Habermas Bezug, was auch für die inhaltliche Fokusbildung gilt. Das entspricht in manchem der Universalität des Jubilars, der als ungewöhnlich produktiver Wissenschaftler *und* politischer Intellektueller zu den Ausnahmeerscheinungen in der politischen Kultur der Bundesrepublik gehört.
Im Namen des Instituts für Politische Wissenschaft der Universität Hannover, das die DISKUSSIONSBEITRÄGE herausgibt, danke ich den Autoren für ihre Mitarbeit.

K. Ch.

Oskar Negt

Autonomie und Eingriff
Ein deutscher Intellektueller mit politischem Urteilsvermögen*

Womit beginnen? Dem Lebenswerk eines politischen Philosophen gerecht zu werden, der jetzt 60 Jahre alt geworden ist und keinerlei Anzeichen erkennen läßt, daß ihm Einfallsreichtum und Lust am Weiterproduzieren auszugehen drohen, versetzt mich in Verlegenheit. Vielleicht hilft es, nicht mit den Produkten, sondern mit dem *Produzenten* anzufangen. In einem Vortrag, der die prekäre öffentliche Stellung des Intellektuellen in Deutschland zum Gegenstand hat, sagt Jürgen Habermas 1986 - genau 30 Jahre nachdem Adorno seinen Finger auf die "Wunde Heine" gelegt hat: "Für Heine bleibt die Autonomie von Kunst und Wissenschaft notwendige Bedingung dafür, daß die verschlossenen Kornkammern, die der Intellektuelle allerdings für das Volk öffnen soll, nicht leer sind."

Das eben ist das Problem des Anfangs eines Geburtstagsartikels über Habermas; denn *seine* Kornkammern sind übervoll, und sie sind auch nicht verschlossen. Gleichwohl ist die Art und Weise, wie sie sich öffnen, wie der darin enthaltene wissenschaftliche Vorrat an Begriffen und Erkenntnissen Element des öffentlichen Lebens werden kann, keineswegs eine Frage der bloßen Willensentscheidung und der guten Absichten; dieser Übersetzungsprozeß hat vielmehr eine ihm eigentümliche Logik. Daß die praktischen Regeln dieser Logik besonders in Deutschland nur schwer handhabbar sind, zeigt die Elendsgeschichte seiner Intellektuellen. Heinrich Heine bringt die Komponenten dieses Zerrissenseins des deutschen Intellektuellen offenbar am prägnantesten zum Ausdruck, und er ist gleichzeitig eines der zahllosen Opfer dieser Elendsgeschichte.

Jürgen Habermas begreift sich in der Tradition der Intellektuellen vom Typus Heines, aber er ist kein Opfer. Vielmehr gehört er zu jener Schar großer Denker in Deutschland, die das Glück haben, Ruhm, öffentliches Ansehen und sichtbare Wirkung ihrer Gedanken miterleben zu dürfen. Das ist für die deutsche Geschichte der kritischen Intelligenz um so erstaunlicher, als bis in die jüngste Vergangenheit hinein (und um ein Haar hätte auch er das Schicksal einer beruflichen Emigration erlitten) die Unbotmäßigen, die Kritiker im Handgemenge, die die gesellschaftlich abgedichteten Mauern ihres Berufsstandes sprengten, mit Vertreibung, gesellschaftlicher Isolierung und Verschweigen des wissenschaftlichen Ertrags ihrer Arbeit zu rechnen hatten.

---

* Erweiterte Fassung eines Essays, der am 16. Juni 1989 in der Frankfurter Rundschau erschienen ist.

ÖFFENTLICHKEIT

Die privilegierten Einflußchancen, die ihm im Laufe der Jahre seine öffentliche Gedankenarbeit verschaffte, hat Habermas auch genutzt, einen Typus des politischen Intellektuellen mit zu prägen, den es, anders als unter französischen und englischen Verhältnissen, an deutschen Universitäten bisher kaum gegeben hat. Wo er in Deutschland anzutreffen war, bewegte er sich, fernab von den akademischen Institutionen, unmittelbar im politischen Aktionsfeld. Die Zahl der Kriegsphilosophen an deutschen Universitäten übersteigt bei weitem die Zahl der Friedensphilosophen. Haben die Universitätsmandarine dann den gesicherten Ort der Letztbegründungen, dem die Welt des politischen Handelns völlig fremd war, im spontanen politischen Zugriff einmal verlassen, ist das in der Regel nicht in ihrer wissenschaftlichen Arbeit begründet gewesen, sondern Resultat autoritärer Identifikation. Eher eine Frage der Klassenvorurteile und des Charakters als des begründeten gesellschaftlichen Eingriffs, der den rationalen Selbstansprüchen des Wissenschaftlers entspricht.

Habermas bricht mit dieser Tradition einer geschichtlichen Grundstörung des Verhältnisses von Wissenschaft und Politik. Aber nicht nur, indem er sie in der eigenen Forschungsarbeit *bewußt* macht; es ist das eigentümliche Tätigkeitsfeld des politischen Intellektuellen, in dem die Grenzen des Bewußtseins (der Bewußtseins-Philosophie) erkennbar werden und auf Erweiterung zum verständigungsorientierten *Handlungs*zusammenhang drängen. *Öffentlichkeit*, der Jürgen Habermas die erste systematische und gesellschaftstheoretisch angeleitete Untersuchung widmet, ist Grundbedingung und gleichzeitig Lebensatmosphäre des Intellektuellen, dem an der Autonomie seiner wissenschaftlich philosophischen Arbeit genausoviel liegt wie am politischen Eingriff.

Wer so viel konzentrierte Aufmerksamkeit auf die begriffliche Entwicklung gesellschaftlicher Zusammenhänge lenkt, die durch Sprache, Kommunikation, Bewußtsein vermittelt, aber darauf nicht reduziert sind, muß *politische* Kultur als eine des Streites, des Kampfes um Anerkennung begreifen. Die Ideen öffnen sich nach unten, zum sperrigen und widerständigen Material wirklicher Verhältnisse hin. Der Kampf um Anerkennung hat unter keinen Umständen das Resultat, die Anerkennung des Andersdenkenden aufzuheben.

Heinrich Heine

Für Adorno schließt sich die "Wunde Heine" erst in einer Gesellschaft, "welche die Versöhnung vollbrachte". Nicht im *Zustand* der Versöhnung und der befreiten Menschheit sieht Habermas dagegen das Erbe aufgearbeitet, das die in Heine verkörperte prekäre Rolle des Intellektuellen den Deutschen hinterlassen hat. Die "Wunde Heine" schließt sich durch eine "Normalisierung" eigener Art, durch die

Herstellung einer politischen Kultur, in der die Kritik Heines an der *Fetischisierung des Geistes* ebenso ernst genommen wird wie an der *Funktionalisierung der Macht*. Machtgeschützte Innerlichkeit des Geistes und reflexionsgeschützte Macht leben voneinander und bestärken sich gegenseitig.

Ist der "Aufstand gegen die Normalisierung einer Rolle" der mit immer neuen Kräften und Koalitionen erprobt wird, wirklich zusammengebrochen? Habermas sagt:"Wenn die Figur Heines ein Schattenriß des deutschen Intellektuellen gewesen ist, dann sollte mit einem Heine, der uns allen gehört, die Rolle des Intellektuellen auch in Heines Vaterland unproblematisch geworden sein - ja so trivial, daß darauf die Linken nicht länger einen Monopolanspruch erheben müssen.

Ob die *Rolle* des Intellektuellen in der Bundesrepublik den Zivilisationsgrad selbstverständlicher Anerkennung gefunden hat, vermag ich nicht zu beurteilen; wenn es jedoch, was ich vermute, noch nicht so weit sein sollte, müßte viel Aufmerksamkeit und Arbeit darauf gewendet werden, einen politischen Charaktertyp mit lebendigen Farben auszustatten und ihm öffentliches Ansehen zu verschaffen, der als kritischer Intellektueller der immer wichtiger werdenden Aufgabe gewachsen ist, die versteinerte Berufsrolle des Wissenschaftlers ebenso aufzusprengen wie die des Politikers.

Jürgen Habermas setzt da einen neuen Anfang; indem er den politischen Intellektuellen *in sich* zuläßt, beendet er die Elendsgeschichte der Selbstabwertung des Intellektuellen, von der die bestehenden Machtverhältnisse profitieren. Ist gesellschaftliches, öffentliches Handeln organisierendes Zentrum seiner Theorien über kommunikatives Handeln und Öffentlichkeit, so ist es naheliegend, der praktischen Logik des Handelns für die Veränderung der Verhältnisse einen größeren Stellenwert einzuräumen als dem bloßen Bewußtsein.

Habermas ist, was seine Rolle als Intellektueller betrifft, in Deutschland die *Ausnahme*, nicht der Normalfall. Er eignet sich nicht zur Nachahmung, als Vorbild oder Leitbild. Indem ich zu begreifen versuche, wie er als Intellektueller mit politischem Urteilsvermögen arbeitet, worin der sichere Boden besteht, von dem aus er operiert, und welcher Werkzeuge er sich bei seiner Kritik im Handgemenge bedient, will ich mit der Vorstellung der Unwiederholbarkeit dieser Persönlichkeit gleichzeitig Motive für politisches Lernen benennen.

Ob einer die dem Intellektuellen zugesprochenen Aufgaben wahrzunehmen vermag oder nicht, ist weniger eine Frage des Charakters oder des Selbstverständnisses als eine des Wissens, der ihm eigentümlichen *Denkweise* und der tragfähigen Fundamente der *Erkenntnis*. Bis in die Struktur der Gliederung seines Werkes hinein, mit Haupt- und Nebenschriften, bleibt Habermas deutscher Gelehrter; er steht im Traditionszusammenhang der großen deutschen Philosophie, von Kant, Schelling, Fichte bis zu Hegel. Auch er betreibt "Hausbau der Vernunft", wie Kant dieses architektonische Unternehmen bezeichnet hat. Habermas weiß um die Täuschungen der Letztbegründungen; um die Unverzichtbarkeit der Begriffsarbeit, im suggestiven Schein des Unmittelbaren subjektiv Vermitteltes aufzuweisen und der "nachgeahnten Substantialität" auf die Schliche zu kommen. Aber auf die argumentative Sicherung der Kategorienfundamente richtet sich sein fortwährend bohrendes Erkenntnisinteresse.

Die aus dieser philosophischen Tradition des deutschen Idealismus gewonnenen zwei Schlüsselbegriffe: *Kritik und Vernunft* drücken jedoch geschichtliche Erfahrungsgehalte aus, die das philosophische Systemdenken jeder Art sprengen. Was jenseits der Grenzen des Idealismus liegt, hat Habermas nicht im Dunkeln gelassen; vielmehr ist für sein Denken charakteristisch, daß die *erweiterten* Begriffe von Kritik und Vernunft auf Dimensionen des Denkens und der politischen Selbstreflexion der Gesellschaft verweisen, für die Deutschland kein konkreter Erfahrungsboden war.

Grenzen bestimmen heißt hier nicht, neue Ausgrenzungen zu schaffen, sondern Ausgrenzungen aufzuheben, bedeutet also Erweiterung. *Zum einen* in Richtung auf die Welt des politischen Liberalismus, mit der ihr entsprechenden angelsächsischen Philosophie, in der sich das Erbe der bürgerlichen Revolution ausdrückt; der Zusammenhang von "Naturrecht und Revolution" bezeichnet die Spannweite dieser Erweiterungen von Vernunft und Kritik. Die Grenze verweist *zum anderen* auf die Marxsche Gesellschaftstheorie, auf die fortwirkende materialistische Provokation einer *Selbstaufhebung* der Philosophie durch deren *Verwirklichung*.

Die verschiedenen Wurzeln des Habermasschen Denkens zu untersuchen, wäre zu weitläufig und ist nicht Aufgabe meiner Erörterungen; was die Rolle des politischen Intellektuellen anbetrifft, so ist es freilich von größter Bedeutung, aus welchen autonomen Produktionsgrundlagen gesellschaftliche Eingriffe ihre Überzeugungskraft gewinnen. Daß in Deutschland eigene wissenschaftliche oder künstlerische Leistungen Voraussetzungen dafür sind, daß der Intellektuelle seine Rolle spielen kann, wird Habermas bewußt sein. Die enzyklopädische Weite seines Werkes und die theoretische Phantasie, die beharrlich Barrieren der Ausgrenzungen aufhebt, mag auch darin einen Grund haben; aber es ist eine kulturelle Tätigkeit, in die das Denken eingebunden ist. Verschiedene kulturelle Denktraditionen werden nicht zusammengefaßt und auf Allgemeinbegriffe reduziert, sondern sie werden durch eine höchst sensible Arbeit der Zuspitzung so in Reibung gebracht, daß sie sich gegenseitig interpretieren und dadurch auch im Medium der Kritik wechselseitig anerkennen.

Kommunikation, diese Grundkategorie seiner Theorie, bestimmt auch die Arbeitsform, in der Theorien verschiedener kultureller Herkunft miteinander in Berührung gebracht werden. Daß Habermas Theorien aus England, Frankreich und den Vereinigten Staaten besser zu verstehen vermag als deren Autoren, denen er manchmal sogar die Begriffe ihres Selbstverständnisses vermittelt, ist bei einem Intellektuellen, der sein Denken als interkulturelle Arbeit versteht, keineswegs erstaunlich. Die Struktur des Denkens von Jürgen Habermas ist *europäisch* in einem ganz unpathetischen Sinne.

Welche Bedeutung hat das für die Interventionen und politischen Eingriffe des Intellektuellen? Wenn die Autonomie der wissenschaftlichen Produktivkraft gesichert ist und außer Frage steht, dann rücken die Kriterien in den Vordergrund, wann und wo und vor allem: mit *welchen Waffen* der Philosoph, der Wissenschaftler den gesicherten Umkreis seiner beruflichen Kompetenz verläßt, ja unter Umständen verlassen muß, um nicht gegen die selbst gesetzten Regeln des Denkens und ihrer politischen Moral zu verstoßen.

Jürgen Habermas greift politisch ein, wenn *sein Begriff des Politischen* durch die sachliche Kompetenz, von der die Intervention ihre Überzeugungskraft zu beziehen verspricht, gedeckt ist. Nicht daß man einer Sache das Etikett politisch anheftete, hat ihn veranlaßt, Stellung zu beziehen. Wo aber Grundpositionen seines Denkens berührt sind, wo seine politische Moral herausgefordert und bloße Machtenscheidungen mit einer Legitimationsfassade ausgestattet werden, da greift er fast instinktiv in eine Debatte ein oder eröffnet sie.

Nach zwölf Stunden nahezu ununterbrochener Diskussion, in der ich um seine Beteiligung am 3. Internationalen Russell-Tribunal zur Situation der Menschenrechte in der Bundesrepublik Deutschland rang, war ich in Starnberg mit dem Gefühl aufgebrochen, ihn überzeugt zu haben; alles hatten wir beide an Argumenten und Gegenargumenten ausgetauscht, was überhaupt mit der Sache in Berührung kommen konnte. Am nächsten Morgen teilte er mir in dürren Worten mit, daß er an der am 3.1.1979 stattfindenden zweiten Sitzungsperiode des Tribunals nicht teilnehmen werde. Gegenstände waren: Einschränkungen der Meinungsfreiheit (Zensur), Behinderung der Verteidigungsrechte, Verfassungsschutz. Erst später habe ich begriffen, daß Tribunale, Unterschriftensammlungen nicht die ihm eigentlichen politischen Interventionsformen ausmachen; der geringste Verdacht einer möglichen Funktionalisierung seiner Worte hat ihn stets abgeschreckt.

Aber er hat eingegriffen, mit klaren kritischen Positionen und mit Leidenschaft; nicht die Sache, die das Russell-Tribunal zur öffentlichen Verhandlung brachte, war das Motiv für die Verweigerung seiner Beteiligung. Die Integrität des politischen Intellektuellen, der unter deutschen Bedingungen handelt, verlangt die Präzisierung der Waffen, deren er sich bedient.

Als die Gräfin Dönhoff das Russell-Tribunal einen unnötigen Mummenschanz nennt, stellt er ihr die Frage, was die Liberalen in diesem Lande denn getan hätten, um ein Russell-Tribunal überflüssig zu machen? Was ist ein Liberaler 1979 noch wert, wenn er gegen Berufsverbote und Intellektuellenhetze nicht auftritt? "Anscheinend muß man in diesem Lande Sozialist sein, um für liberale Prinzipien zu kämpfen. Das soll ja in den letzten hundert Jahren schon öfter vorgekommen sein." Das sind die Liberalen im journalisitischen Geschäft der Meinungsbildung. Aber die Universitätsliberalen sind nicht besser, obwohl es doch zu ihrem Berufsethos gehörte, sich besseres Wissen von den Sachverhalten zu verschaffen; von einer "traurigen Dekomposition des liberalen Geistes" spricht Habermas. Als Kurt Sontheimer, demonstrativ das liberale Etikett fortwährend vor sich hertragend, die Brücke zwischen dem Terrorismus der Roten-Armee-Fraktion und der Frankfurter Schule zu schlagen sich anschickte, sah Habermas sich genötigt, den Kollegen öffentlich an die elementaren Regeln wissenschaftlichen Unterscheidungsvermögens zu erinnern. An die Aufklärung als Grundmotiv des politischen Liberalismus muß er einen *Liberalen* erinnern, dem blinde Parteilichkeit für die umlaufenden innerstaatlichen Feinderklärungen das Gedächtnis für die eigene intellektuelle Herkunft nimmt.

Habermas hat ein Gespür für die verdeckten geschichtlichen Wundmale, aus denen sich Herde öffentlichen Unglücks bilden können. Das wäre die eigentliche Kompetenz des politischen Intellektuellen, der Worte von Taten zu unterscheiden vermag, aber auch den Worten das Narrenrecht der politischen und moralischen Unschuld abspricht. Wer dem Wort so große Bedeutung zumißt wie Habermas, der weiß, daß man damit nicht spielen darf, daß ein zynischer oder auch nur ironischer Gebrauch von Worten *politische Folgen* hat.

Gewalt und Sprache

Der streitbare Materialist, für den Aufklärung, so wie Kant sie verstanden hatte, unabdingbar an Wege aus der Unmündigkeit der Menschen geknüpft ist, fürchtet nichts so sehr wie Gewalt im gestohlenen Mantel legitimationsbereiter Sprache. Es ist belanglos, wie tief unmittelbare Gewalterfahrungen das Denken von Habermas bestimmen. Aber der philosophische Eros, von dem die Produktionskraft seines Werkes zehrt, hat zweifellos die Aufklärung von *Gewalt* und *Sprache* zu einer der bestimmenden Quellen. Gewalt ist für ihn die der Panzer, des stupiden Militärs; aber auch die der höchst subtilen Mechanismen, durch die der Abbruch im Austausch von Argumenten als politische Tugend gefeiert, *Vernunft-Entscheidungen* also der Boden entzogen wird. "Kontingenz", philosophisch das Wort für Zufall, geschichtlich gesprochen : Gewalt, welche den metaphysischen Sinnaufbau der Welt zerbricht, ist seit seiner Dissertation über Schelling: "Das absolute und die Geschichte" Grundthema seines Denkens.

Solange Menschen noch in einer Situation des Sprechens sich befinden, garantiert ein Minimum gegenseitiger Anerkennung Friedensabsichten; die Idee des herrschaftsfreien Dialogs, über die so viele, die es besser wußten, sich erhoben haben, hätte hier ihren sinnvollen Platz. Der Ursprungsimpuls für die Sprach- und Kommunikationstheorie von Jürgen Habermas ist ein *politischer* Impuls. Nach Auschwitz, Krieg und Stalinismus sind die metaphysischen Garantien, ob sie nun als praktisch-logische Stufenfolgen von Gesellschaftsordnungen oder in Maskierungen subjektverlassener Ontologien auftreten, endgültig und durchgängig zerstört. Die philosophische Diagnose eines nachmetaphysischen Zeitalters gesellschaftlich ernst nehmen heißt: die Menschen müssen selber dafür sorgen, daß ein Rückfall in Barbarei verhindert wird. Die Entwicklung der *Formen* verständigungsorientierter Vernunft ist unter diesen Bedingungen ein existenzielles Problem, *Demokratie* eine Überlebensfrage.

Habermas kämpft daher um Demokratie als den institutionell gesicherten Prozeß einer Willensentscheidung, die den Abbruch des Diskurses *mit Argumenten selber* noch begründet. So ist der Einwand gegen Robert Spaeman, den konservativen Dezisionisten: "... Ob die Teilnehmer über den Abbruch eines Diskurses in Ansehung der Alternative, Entscheidungen zu fällen oder aufzuschieben, selber mit Gründen befinden oder ob darüber mit Autorität entschieden wird, macht einen essentiellen Unterschied aus." Man kann, glaube ich, die systematischen Schriften von Habermas überhaupt nicht verstehen, wenn man seine kleinen *politischen* Schriften nicht gelesen und verstanden hat.

Martin Heidegger

Heines Einsicht, daß die Tat das Kind des Wortes sei, ist Erfahrung des heranwachsenden Intellektuellen, der die Zeitverhältnisse zu verarbeiten versucht. Während der Bürgersohn aus Gummersbach, wie es sich gehört, im Philosophiestudium Heidegger liest und von dieser die existentiellen Probleme des Menschen, Sorge, Alltag, Angst, Tod usw. ansprechenden Philosophie fasziniert ist, hatte er gleichzeitig an den Radioberichten über die Nürnberger Prozesse gehangen und mit der unbefangenen Neugier dessen, der gerade noch davongekommen war, die Materialien des hochzivilisierten Rückfalls in die Barbarei studiert; daß die Nürnberger Prozesse nachhaltigeren Eindruck hinterließen als die Bildungslektüre Heideggers, ist vielleicht einer der Gründe, warum Habermas heute als Philosoph auftreten kann, ohne die Misere der Universitätsmandarine tragen zu müssen.

24 Jahre alt ist er, als er über Heidegger schreibt: "Der Philosoph Martin Heidegger beschäftigt uns hier nicht als Philosoph, sondern in der politischen Ausstrahlung, in seiner Wirkung nicht auf die interne Diskussion der Gelehrten, sondern auf die Willensbildung entzündbarer und begeisterungsfähiger Studenten. Das Geniale ist zwielichtig..." Heidegger ist ein Wundmal der philosophischen Denkgeschichte für ihn geblieben; wie hat ein so großer Philosoph politisch sich

so gründlich irren können? Oder war es gar kein Irrtum, war es die Konsequenz eines Denkers ohne politisches Urteilsvermögen? Der philosophische Spießbürger, der plötzlich die Chance wittert seine politische Kraft zu entfalten? Die Überzeugung von Habermas ist, daß sich in der heutigen Welt Philosophie im Interesse des eigenen Wahrheitsgehaltes ihrer politischen Impulse und Wirkungen bewußt sein muß, um politisch nicht beschädigt zu werden.

Martin Heidegger und Carl Schmitt, der eine im philosophischen, der andere im staatsrechtlich-politischen Zusammenhang, sind daher die idiosynkratischen Gegenfiguren zum Denken von Jürgen Habermas. "Führerdemokratie", die Abtrennung des politischen Herrschaftssystems von demokratischer Willensbildung und öffentlicher Diskussion - das ist ein Gedanke Carl Schmitts, der ihn bis zum heutigen Tage zornig macht. Der Intellektuelle, dem wissenschaftliche Objektivität und politischer Eingriff zwei Seiten desselben Verantwortungszusammenhangs sind, schwebt weder gesinnungslos zwischen den Fronten, noch läßt sich ihm der Stempel "steriler Aufgeregtheit" einfach aufdrücken. Gerade *die* Eigenschaften, die Max Weber dem Berufspolitiker vorbehält (und von denen des Intellektuellen absetzt): realitätsgerechte Distanz, Augenmaß, Kompetenz und Verantwortungsbewußtsein, sie sind zentral für einen Typus des Intellektuellen, wie ihn Habermas verkörpert. Wenn er, die Gefahren tektonischer Verschiebungen in der Struktur der Bundesrepublik erkennend, seit dem Bitburger Spektakel gegen die Normalisierungs-Historiker aufbegehrt und ihnen klarmacht, welche Folgen der öffentliche Gebrauch von Geschichte und Geschichtsschreibung hat, so sind alle diese Eigenschaften im Spiel. Nolte und Jenninger dagegen bewegen sich, die politisch-moralische Bedeutung einer Verdrängung von Auschwitz nicht einmal wahrnehmend, gleichermaßen im Umkreis politischer Intervention ohne Kompetenz und Augenmaß.

Aber es sind nicht die Konservativen und die Liberalen, auf die sich die Kritik ausschließlich richtet. Zu erinnern ist an seine Kontroverse innerhalb der Linken, die Wunden hinterlassen hat, weil, wie ich glaube, jene Art der *öffentlichen* Reflexion, in der ein kritischer Selbstverständigungsprozeß einer Bewegung stattfinden muß, der bloßen Parteilichkeit zum Opfer fiel. Als Habermas, im Anschluß an die Trauerveranstaltung für Benno Ohnesorg in Hannover (1967), in der Gewaltrhetorik Dutschkes das einkalkulierte Risiko von Menschenverletzungen spürte, griff er in die Debatte ein, um Verzerrungen zwischen Sprache und Sachverhalt zu benennen. Eine der Formen des zivilen Ungehorsams, der Widerstand und Protest mit friedlichen Mitteln, führt am Ende zur Verselbständigung der *Mittel* gegenüber den menschlichen Zwecken. Habermas sagte damals: "Herr Dutschke hat als konkreten Vorschlag, wie ich zu meinem Erstaunen nachher festgestellt habe, nur vorgetragen, daß ein Sitzstreik stattfinden soll. Das ist eine Demonstration mit gewaltlosen Mitteln. Ich frage mich, warum nennt er das nicht so, warum braucht er eine Dreiviertelstunde, um eine voluntaristische Ideologie hier zu entwickeln. Ich bin der Meinung, er hat eine voluntaristische Ideologie hier entwickelt, die man im Jahre 1848 utopischen Sozialismus genannt hat, und unter heutigen Umständen, jedenfalls glaube ich, Gründe zu haben, diese Terminologie vorzuschlagen, linken Faschismus nennen muß."

Wir alle, die Wortführer der Protestbewegung, haben nicht verstehen wollen, was Habermas meinte; als er ein Jahr später in einer Rede vor Frankfurter Studenten eine Sozialpsychologie der "Scheinrevolutionäre" entwarf, war keiner von uns mehr bereit, die Differenzierungen wahrzunehmen, die in diesem indirekten Plädoyer für die wirklichen revolutionären Prozesse steckten. Es war freilich auch zu offenkundig, daß das gesellschaftliche Gewaltklima von der Protestbewegung *ausgedrückt*, aber nicht produziert wurde; die Gewalt in der Dritten Welt, Vietnam, Notstandsgesetzgebung, Unterdrückung des Reformkurses waren sichtbare Beispiele dafür. Gleichwohl: die von Habermas gemeinten Scheinrevolutionäre mit einer von ihm befürchteten zynischen Gewaltpraxis waren alle schon da.

Ich hatte das nicht erkannt. Als ich das Buch "Die Linke antwortet Jürgen Habermas" herausbrachte, war für die meisten der darin schreibenden Wortführer der Studentenbewegung revolutionäre Gewalt unabdingbar an die Verwirklichung menschlicher Zwecke gebunden; deren Perversion konnten sie sich nicht vorstellen.

Grenz- und Mauerphantasien

"Linker Faschismus" war seitdem der Ausgrenzungstopos großer Teile der Linken gegenüber Jürgen Habermas, und auch die Rechte bediente sich hämisch dieser Distanzierungsformel, die der Urheber längst als "Überreaktion" zurechtgerückt hatte. Jetzt sind es über zwanzig Jahre her; Einzelheiten dieser Kontroversen sind vergessen. Aber persönliche Kränkungen dieser Art, die zudem ein grober politischer Fehler waren, so als hätte Habermas zur Linken nicht mehr gehört, verlieren sich nur selten in der eigenen Lebensgeschichte. Daher nehme ich diesen Anlaß, mich für die Herausgabe dieses Buches "Die Linke antwortet Jürgen Habermas" ausdrücklich zu entschuldigen.

Wenn die öffentliche Geste des Bedauerns nach so langer Zeit kommt (privat sind wir schon lange im Reinen gewesen), dann hat das für mich auch Gründe, die mit einer schwelenden Unklarheit von Sachverhalten zu tun hat. Erst heute habe ich, wie ich meine, wirklich begriffen, worin der Gegensatz der damaligen Situationsdeutungen bestand. Von diesen abgesehen, gibt es den entscheidenden moralisch zurechenbaren Grund, sich nicht von denselben Mechanismen die politische Urteilskraft vernebeln zu lassen, gegen die sich der Protest richtete. "Die Linke antwortet Habermas" ist ein Abgrenzungsbuch. Und es sind eben diese immer wieder auftauchenden Mauerphantasien, die der politischen Kultur den ihr eigentümlichen öffentlichen Nährboden entziehen.

Daβ die damaligen Kontroversen zwischen den Wortführern der Protestbewegung und Habermas keine bloβen Einbildungen waren, sondern aus Widersprüchen der hier aufgebrochenen Situation stammten, steht ebenso auβer Zweifel wie die Tatsache, daβ die sachlichen Differenzen den politischen Kontext eines verständigungsfähigen Streites *innerhalb* gemeinsamer Grundüberzeugungen in keinem Punkt sprengte.

Das Problem der politischen Gewalt

Der springende Punkt war die Gewaltfrage; freilich weniger in der analytischen Einschätzung der bestehenden Gewaltpotentiale der Gesellschaft, als in der strategischen Einschätzung der Chancen von Gegengewalt. Aber auch darin noch die von Habermas getroffene zentrale Unterscheidung zwischen wirklicher, in der Existenznot handelnder Massen begründeter *revolutionärer* Gewalt und dem spielerischen Habitus von Revolutionären, die im Ernst nichts zu riskieren haben, weil sie auf die verfassungsrechtlich und kulturell gebremste Einsatzfähigkeit der Gewaltmittel des Systems zählen dürfen. Im Vorwurf des pathologischen Machtrausches steckte die *Dreiteilung* der Gegengewalt: legitim war sie für Habermas in einer revolutionären Bewegung mit Massenbasis; dafür gab es keine Bedingungen. Als bloβe Gewaltrhetorik war der Protest dagegen dabei, die institutionell gezähmten Gewaltpotentiale aus ihrer Reserve zu locken und den liberalen Verfassungsstaat so in Bedrängnis zu bringen, daβ er sich gezwungen sehen konnte, die gebrechlichen Balancen im Konsensus der Nachkriegsdemokratie aufzukündigen. Habermas ängstigte die Aussicht, daβ eine von Realitätskontrollen freigesetzte Bewegung des antiautoritären Protestes, die sich darauf eingeschworen hatte, stumpfe und entwürdigende Autoritätsverhältnisse zum Einsturz zu bringen, am Ende die gesellschaftlichen Gewaltverhältnisse befestigen und erweitern könnte. Eine dritte Gewaltreaktion erschien ihm als die einzig legitime, den objektiven Machtproportionen entsprechende: die der "begrenzten Regelverletzung": sie wäre Habermas zufolge allein imstande gewesen, die entscheidende Schwachstelle eines legitimationsschwachen Herrschaftssystems zu treffen: die *Entpolitisierung der Öffentlichkeit* aufzubrechen und öffentliche Räume für die Diskussion der ins Private abgedrängten Lebensprobleme der Menschen zu erkämpfen.

Darin ist jedoch ein Dilemma verborgen; legitimationsschwache Herrschaftssysteme reagieren auf symbolisch gemeinte Provokationen in der Regel genau so hart, wie auf reale Gegengewalt. Und bloße Aufklärung, das gewaltfreie Wort, hat nur dann die befreiende Wirkung öffentlicher Thematisierung von Lebensproblemen der Menschen, wenn das System dafür öffentliche Räume freigibt, was ja gerade das Problem gewesen ist. Bis er 10 Jahre später, auf dem Höhepunkt des RAF-Terrors und der dann rigoros einsetzenden neuen "Demagogenverfolgung" von der "traurigen Dekomposition des liberalen Geistes" zu sprechen sich genötigt sah, war Habermas entschieden darum bemüht, das empfindliche Gleichgewicht der westdeutschen Nachkriegsgesellschaft zwischen den neuen rechtsstaatlich-liberalen Traditionen und den kräftig nachwirkenden des autoritären Obrigkeitsstaates zu bewahren und für diese Balancearbeit ein hohes Maß an *öffentlicher Vernunft* zur Geltung zu bringen.

Der geringfügige Altersunterschied von fünf Jahren zwischen uns, vielleicht auch das verschiedene soziale Milieu unserer Herkunft, das die ersten politischen Erfahrungen prägte, mögen Gründe dafür gewesen sein, daß mir der westdeutsche, eher staatsorientierte Liberalismus in seiner Funktion als Hüter von Grund- und Menschenrechten immer einer gewesen ist, der auf autoritärem Abruf stand; daß also ohne eine konsequente, an der Arbeiterbewegung orientierte Basisbewegung der Demokratisierung die westdeutsche Gesellschaft ihren liberalen und rechtsstaatlichen Geist verliert.

Mit mir lebten viele *jener* SDS-Generation, die im Parteizusammenhang ihre politische Sozialisation erfahren hatte, dann aber unter dem Vorwand kommunistischer Unterwanderung ausgegrenzt wurde, in Erwartung eines *revolutionären* Aufbruchs nach langen Jahren der Restauration, der Verdrängung nationalsozialistischer Erbteile und der Erstarrung der politischen Lebensformen. Nicht die Bewahrung, Vervollständigung und Stabilisierung der bürgerlichen Gesellschaft konnte unter diesen Voraussetzungen der Zielinhalt eines solchen "überschüssigen Bewußtseins" sein, sondern die aus den spontanen Massenbewegungen geborenen Formen der Selbstorganisation, der direkten Demokratie.

Die Geschichte ist in der Tat weitergelaufen auf der Ebene der von der Protestbewegung von 1968 eingeleiteten Linie des selbstbewußten, politisch häufig anmaßenden Widerstandes, nicht der privilegierten Einflußchancen der liberalen und der machtstrategischen Realisten, welche sehr bald der Linken hermetisch abgeriegelte proletarische Ersatzparteien aufzuzwingen begannen. Erst sie machten mit der Gewaltrhetorik Ernst, indem sie den Revolutionsbegriff aus seiner Massenverankerung lösten und zu einem mechanischen Instrument der provokativen Umwandlung von sublimer in manifeste Gewalt machten. Die Realisten aus *beiden* Herkunftslagern waren es nicht, welche den langfristigen, bis heute noch wirkenden Erfolg dieser Bewegung begründeten, in dem sich Spielerisches der Selbsterfahrung unerwarteter Macht ("*wir* wollen alles; die Phantasie an die Macht; *wir* sind das Volk", usw.) mit dem Ernst öffentlicher Thematisierung prekärer Probleme einer "unterschlagenen Wirklichkeit" verknüpften. In der neuerwachten Lust an der Politik, die den dürren Fingern der profesionellen Politiker plötzlich entglitt, steckte zweifellos ein Moment des Übermuts, der trotzigen Ausblendung der komplizierten Realitätsvermittlungen und ihrer einsatzfähigen Gewaltpotentiale.

Daß Habermas ins Zentrum seiner Kritik die Verwechslung von *Gewaltanwendung* und Provokation im Sinne begrenzter Regelverletzungen (die übrigens für ihn nie ein Problem waren) rückte, ja von einem agitatorisch bewußt hergestellten Zwielicht von "symbolischer Erpressung, die Aufmerksamkeit tatsächlich erzwingt, und faktischer Gewaltanwendung, mit der man Machtpositionen zu gewinnen sich einbildet" sprechen konnte, traf einen Nervenpunkt dieser Bewegung. Von der Ununterscheidbarkeit von Realität und Wunschphantasien zehrten in der Tat die Handlungsmotive der vorwiegend jungen Leute, die sich plötzlich in die prominente Rolle von Katalysatoren über ihre eigenen Interessen weit hinausgehender gesellschaftlicher Probleme gedrängt sahen. Das Irreale der Situation konnte sehr wohl im ersten Blick rein psychologische Erklärungen herausfordern.

In meiner auf ein Diskussionsangebot zugeschnittenen Einleitung in dem erwähnten Buch hatte ich geschrieben: "Es ist eben nicht die Verharmlosung der Gewalt, sondern das Gegenteil: die einer intensiven Erfahrung des Faschismus und der ausgeprägten Sensibilität gegenüber faschistischen Situationen entspringende Furcht vor dem institutionell noch gebundenen, aus geringsten Anlässen aktualisierbarem Gewaltpotential historisch überholter Herrschaftssysteme, die die beschwörenden Appelle von Habermas bestimmen, sublime Gewalt nicht herauszufordern und liberale Positionen selbst dann nicht anzutasten, wenn sich ihre emanzipative Funktion längst als trügerisch erwiesen hat."

Das zerbrechliche und äußerst anfällige Demokratie-Projekt "Bundesrepublik" mit Klauen und Zähnen zu verteidigen, war seine entschiedene Position; für mich war Demokratie *ohne* Sozialismus, ohne Selbstbestimmung und Selbstorganisation der Menschen in allen Gesellschaftsbereichen nicht denkbar und schon gar nicht realistisch.

Habermas steht heute, wie ich meine, der Protestbewegung näher als zu jener Zeit, als er sie aus aktuellem Anlaß einer radikalen Kritik unterzog. Sein Lebenswelt-Konzept, der philosophischen Tradition des phänomenologisch-transzendentalen Denkens entnommen, hätte keinerlei politische Brisanz, wäre sie in seinem Denken nicht mit selbstverständlichen Erfahrungen angereichert und konkret besetzt, welche die von der Protestbewegung angestoßenen, ausdrücklich gegen Systemschäden gerichteten Bürgerinitiativen der vergangenen zwei Jahrzehnte auszeichnet: Ökologie- und Friedensbewegung, Anti-Atomkraft und Frauenemanzipation sind absolut gewaltlos, fordern immer wieder die Gewalt des Systems heraus - sind von der halbwegs funktionierenden sozialstaatlichen Grundverfassung unserer Gesellschaft jedoch völlig unabtrennbar.

Substantielle Politik, welche die Lebenswelt der Menschen erträglicher, ja reichhaltiger gestaltet, ist fast ausschließlich in diesem Bereich jenseits offizieller Politik lokalisiert; das Kapital, Regierungen und Parteien verhalten sich diesen demokratischen Selbstorganisierungsinitiativen gegenüber überwiegend wie Wegelagerer, welche Beutechancen wahrnehmen.

Eigensinn des Zeitdiagnostikers: Mikroskop und Fernglas

Was den Zeitdiagnostiker auszeichnet, liegt in der eigentümlichen Verbindung des "Eigensinns der Wissenschaften", von der er bereits 1957 spricht, eines gewissen Detailfanatismus, mit der Einschätzung perspektivischer Linien der geschichtlichen Entwicklung. Mit Marx und Max Weber teilt er das Pathos der Übergenauigkeit im Detail, aber wie sie findet er immer den Ausweg zur Struktur des Ganzen. Ihm gelingt es, die Erforschung der Bewegung in der Zellenorganisation der Verhältnisse und Begriffe mit geschichtlicher Blickweise zu verknüpfen, also mit dem *Mikroskop* und dem *Fernglas* gleichzeitig zu arbeiten. Das zeigt sich auch in seinem Verhältnis zu Traditionen; da Traditionen von ihm prinzipiell kritisch angeeignet werden, auch Marx und Sozialismus nur als *kritische* Positionen Geltung besitzen, hat er es nicht nötig, sie fortwährend zu verabschieden und die Theorien, die der kurzen Zeitdiagnose untergeordnet werden, beiseite zu legen, als handele es sich um abgetragene Schuhe.

Wer acht Jahre bei Jürgen Habermas Assistent gewesen ist, dem wird zum Schluß erlaubt sein, einige persönliche Erfahrungen mit ihm auszudrücken.

Ich kenne keinen Menschen, dem das Reden und Argumentieren so viel Spaß macht wie ihm. Von narzißtischer Selbstbespiegelung des Redens ist das allerdings weit entfernt; er sucht eher Kampfplätze, die ihm Widerstand bieten. Ich halte es für möglich, daß ihm Epigonen, die ihn vorzeitig in den Ruhestand des Klassikers versetzen und ihr "Habermas und..." unentwegt variieren, nicht besonders sympathisch sind. Als er 1961, nach der Habilitation bei Wolfgang Abendroth, das Extraordinat für Sozialphilosophie an der Universität Heidelberg bekam, wohl für ihn selber auch etwas unerwartet, kam er einige Monate später zu mir und fragte mich: "Wollen Sie Assistent bei mir werden?" Da er mich überhaupt nicht kannte, eigentlich nur ein Referat über Marx korrigiert hatte, das ich im Seminar von Adorno halten sollte, war ich über dieses Angebot äußerst verblüfft. Ich glaube, sein Motiv, mich als Assistenten zu nehmen (was für damalige Verhältnisse ja ein Privileg war), war in dem Bild von mir begründet, ich sei ein besonders hartgesottenes Exemplar marxistischer Orthodoxie. Aber natürlich sollte diese "Orthodoxie" mit Argumenten ausgestattet und nicht einfach festgelegt sein. Ich erinnere mich an Situationen, daß er dann, wenn ich geneigt war, marxistische Positionen aufzugeben, mich geradezu ermunterte, an ihnen festzuhalten und meine Phantasie auf bessere Begründungen zu richten.

Die Wahl der späteren Assistenten verlief nach denselben Kriterien. Der eine war ein knochenharter Positivist, der die Dialektik fürchtete wie der Teufel das Weihwasser. Der andere ein kompetenter Kenner der analytischen Sprachphilosophie und Poppers, der Dritte hatte gerade eine Arbeit über Gehlen geschrieben, aus der gewisse Neigungen zum politischen Funktionalismus erkennbar waren. Man kann nicht sagen, Habermas hätte seine Assistenten aus dem unmittelbaren Umkreis derjenigen gewählt, die seine Arbeit legitimieren.

Die Existenz eines Assistenten Anfang der 60er Jahre war in der Regel ein Herr-Knecht-Verhältnis. Aus der Perspektive des Studenten hatte ich es so auch am Institut für Sozialforschung und am Philosophischen Seminar an der Frankfurter Universität wahrgenommen. Um so nachhaltiger war für mich die Erfahrung dieser Zeit, daß Habermas nie irgendwelche Dienstleistungen von mir forderte, sondern respektierte, was ich selber machen wollte; diese Respektierung und Anerkennung der Interessen und Fähigkeiten des anderen, die ich mit ihm erfahren habe, haben mich soweit geprägt, daß ich selber auch meinen Assistenten eine Autonomie übertragen habe, die ihnen dann zum Teil sogar zu weit gegangen ist.

Die Erfahrung eines solchen Verhältnisses der gegenseitigen Anerkennung in Zusammenhängen, die von Hierarchien durchsetzt sind, gründet sich aber nicht darauf, daß ein besonderes Freundschaftsverhältnis zwischen uns bestanden hätte. Die Distanz, die das bürgerliche "Sie", an dem wir beide bis vor wenigen Jahren festgehalten haben, in den emotionalen Verwicklungen schuf, ermöglichte uns, über einen langen Zeitraum hinweg zu streiten, ohne ganz die Nähe zu verlieren.

Dieses Kontrapunktische im Denken, das Respektieren von Kritik und die Anerkennung des Andersdenkenden sind, wie ich erfahren habe, keineswegs vom Privaten abgespaltene öffentliche Tugenden. Es ist merkwürdig, wie einer, der die Utopien der Arbeitsgesellschaft als ausgeschöpft betrachtet, so viel arbeiten kann. Das geht heute nur noch, wenn Arbeit als Selbstverwirklichung ein hohes Maß an Befriedigung verschafft, aber auch selbstverständlicher Teil der privaten Lebensform ist. Ohne den kontrapunktischen Geist von Ute Habermas, ohne Streitkultur in der eigenen Familie, die den Kraftverzehr für falsche Symbiosen verhindert, wäre es für Jürgen Habermas kaum möglich, Theoriearbeit als eine *politische* Lebensform zu entwickeln, die mit individueller Emanzipation zu verknüpfen ist.

Detlef Horster

Erkenntnis und Moral bei Habermas

Der Gedanke, den ich vortragen will, ist nicht neu und ergibt sich von selbst bei der Lektüre des Habermasschen Werkes. Er ist aber - soweit ich sehe - noch nicht explizit vorgetragen worden.
Meine These ist, daß das Habermassche Werk eine einzige, groß angelegte Ethik der Moderne ist. Daß diese Vermutung zutrifft, kann nachgewiesen werden, wenn man sich seine frühe und spätere Auseinandersetzung mit Heidegger ansieht. Aber auch in seinen politikwissenschaftlichen Arbeiten "Student und Politik", "Strukturwandel der Öffentlichkeit" und "Theorie und Praxis" wird die vorherrschende Verfahrensweise in der Politikwissenschaft, sie ohne normativen Bezug zu betreiben, kritisiert. Ohne normativen Bezug arbeiten viele sozialwissenschaftliche Theorien, wie Habermas in seinen Untersuchungen "Zur Logik der Sozialwissenschaften" und in seinen Auseinandersetzungen mit dem Positivismus in "Erkenntnis und Interesse" und der Systemtheorie in "Theorie der Gesellschaft oder Sozialtechnologie" zu zeigen weiß. Habermas ist in seiner kritischen Haltung stärker an Nietzsche orientiert als so mancher Nietzsche-Apologet wahrhaben will. 1968 schreibt Habermas in seiner Nietzsche-Interpretation: "Reine Theorie, die, aller praktischen Lebensbezüge entbunden, die Strukturen der Wirklichkeit in der Weise erfaßt, daß theoretische Sätze wahr sind, wenn sie einem Ansichseienden korrespondieren, ist Schein. Denn die Akte der Erkenntnis sind in Sinnzusammenhänge eingelassen, die sich in der Lebenspraxis, im Sprechen und Handeln bedürftiger Wesen, erst konstituieren." (KuK 244)

In seiner eigenen Theoriebildung, die aus der kritischen Haltung gegenüber traditioneller Theorie lebt, ist Habermas der alten kritischen Theorie Horkheimers und Adornos gefolgt und er wird nicht müde, den programmatischen Satz von Horkheimer zu zitieren, der die kritisierte traditionelle und die kritische Theorie voneinander scheiden soll: In der traditionellen Vorstellung von Theorie erscheinen "nicht die reale gesellschaftliche Funktion der Wissenschaft, nicht was Theorie in der menschlichen Existenz, sondern bloß was sie in der abgelösten Sphäre bedeutet... Während der Fachgelehrte als Wissenschaftler die gesellschaftliche Realität mitsamt ihren Produkten für äußerlich ansieht..., ist das kritische Denken durch den Versuch motiviert, die Spannung als real zu überwinden." (TuP 243)

In diesem Zitat wird angesprochen, daß die Erhellung der normativen Gehalte einer Theorie zur Theorie selbst gehört. Genau an dieser Stelle zeigt sich auch, wie sehr Habermas in der Tradition der alten Kritischen Theorie steht. Allerdings seien - sagt Habermas - die normativen Grundlagen der alten Kritischen Theorie völlig ungeklärt geblieben. Habermas will den Anspruch der alten Kritischen Theorie einlösen und ihre normative Basis bestimmen. Wie aber kann eine Theorie ihren normativen Gehalt selbst klären? Schon 1958, in einem Lexikonartikel zur Anthropologie beantwortet Habermas die Frage so: "Allein, auch diejenigen, die Anthropologie treiben, sind Menschen und selber darauf angewiesen, sich in ihrem Menschsein zu verstehen. Sie deuten das Wesen des Menschen in dem Maße, in dem sie ihr eigenes Wesen deuten; sie können von ihrem Gegenstand nur handeln, indem sie sich selbst, ihre Situation, in die Betrachtung mit einschießen lassen." Hiermit schließt Habermas an die abendländisch-sokratische Tradition an. Seit Sokrates muß man nicht nur sagen können, was man weiß, also ein gewissermaßen metatheoretisches Wissen haben, sondern man muß auch sagen können, wer man ist (vgl. Böhme 119). Habermas fährt dann fort: Die Kategorien, unter denen sie die 'Menschenkenntnis' der Wissenschaften verarbeiten, sind gleichzeitig Kategorien, unter denen sie auch die Gesellschaft, auch die geschichtliche Lage verstehen, der die Betrachter selbst angehören. Eine kritische Anthropologie unterschlägt das nicht. Sie nimmt ausdrücklich das Selbstverständnis methodisch in ihren Ansatz auf und wendet das, was ein Nachteil scheinen möchte, zu ihrem Vorteil. Ihre Aussagen entbehren gewiß der Art Neutralität, die Wissenschaft erringt, weil diese ganz vom Erkennenden selber abgesehen, ganz in Objektivierung aufgehen kann. Ihre Aussagen haben andererseits den Vorzug aller philosophischen: indem sie zeigen, was ist, zeigen sie unvermeidlich auch etwas von dem, was sein kann. Sie sind keine Parolen, aber sie haben einen praktischen Sinn. Sie geben keine Anweisungen, aber sie weisen den Menschen hin auf das, was er mit sich anfangen kann, und womöglich versäumt." (KuK 91) Zu den Aufgaben einer kritischen Theorie gehört es nach Habermas also auch, die Diskrepanz von Sein und Sollen herauszuarbeiten. In dem 1958 geschriebenen Vorwort zu "Student und Politik" deckt Habermas diese Diskrepanz im Verfassungsstaat auf, indem er die Differenzen von Verfassungsidee und Verfassungswirklichkeit hervorhebt. Zur Verfassungsidee - so ist das Ergebnis - gehöre die von Kant angesprochene notwendige Orientierung des Gesetzgebers an der Herstellung menschlicher Freiheit. Gesetze müßten stets den Sinn haben, dazu beizutragen, die menschliche Freiheit im Staat zu realisieren. Auch Habermas, der sich in seinem Demokratieverständnis an Franz Neumann orientiert, sagt, daß der demokratische Verfassungsstaat dazu diene, die Freiheit der Menschen zu steigern oder gar gänzlich herzustellen. (Vgl. KuK 11)

Die Orientierung an Kant wird noch in einem anderen Punkt sichtbar. Kant ist der Auffassung, daß ein Gesetz nur dann gerecht sein könne, wenn das ganze Volk diesem Gesetz zustimme und es für gerecht hält. Habermas schließt sich dem an, wenn er sagt, daß die Demokratie "auf das Bewußtsein , daß die Staatsgewalt vom freien und ausdrücklichen Consensus aller Bürger getragen ist, angewiesen" sei. (KuK 13) Die normative Basis, die mit ihrer Realisierung oder Nichtrealisierung verglichen wird, wird aus dem Untersuchungsgegenstand, hier dem aufgeklärten Verfassungsstaat, selbst durch Rekonstruktion gewonnen. Habermas ist auch später immer an den Normen der Aufklärung orientiert und sein Erkenntnisinteresse ist Emanzipation. In "Student und Politik" stellte er fest, daβ die Idee der Herrschaft des Volkes gänzlich in Vergessenheit geraten sei (vgl. KuK 11). Eine in Einzelheiten gehende Analyse führt Habermas zu der Einsicht, daβ der Verfassungsstaat sich so gewandelt habe, daβ er mit seinen Idealen in Widerstreit stehe. (Vgl. KuK 33) "Diese Ambivalenz prägt die Verfassungswirklichkeit", sagt Habermas. (KuK 21) Der Souverän, das Volk in einem demokratischen Verfassungsstaat, sei durch den Strukturwandel des Staates in eine Rolle gedrängt worden, die seine Tätigkeit als Souverän einschränke. Das Grundgesetz läβt sich gar vom Miβtrauen gegen plebiszitäre Entscheidungen leiten. (Vgl. KuK 49)

In seinen Publikationen "Strukturwandel der Öffentlichkeit" von 1961 und "Theorie und Praxis" von 1963 geht Habermas nach dem gleichen kritisch-analytischen Schema vor und kommt bezogen auf die Politikwissenschaft, die ja nur eine unter vielen Sozialwissenschaften ist (vgl. TuP 50), zu folgendem Ergebnis: "Die politischen Wissenschaften verzichten nach und nach auf eine Ableitung der Demokratie aus Prinzipien, wie sie der klassischen Sozialphilosophie und der älteren Staatsrechtslehre geläufig war; sie ersetzen den objektiven Sinn der Institutionen durch ihre abstrakten Bestimmungen. Statt etwa vom Grundsatz der Rechtsstaatlichkeit und der Volkssouveränität zu deduzieren, definieren sie Demokratie durch ihren tatsächlichen Apparat." (KuK 9)

Kontrastierend zu der vorherrschenden Tendenz in den Sozialwissenschaften, ihren normativen Bezug nicht zu reflektieren, will Habermas nun eine andere Art von Sozialwissenschaft entwickeln, die von der Einsicht geleitet ist, daβ "in die Wahl der fundamentalen Kategorien eine vorgreifende Deutung der Gesellschaft des theoretischen Systems... immer auch ein aus interessierten Erfahrungen stammendes Vorverständnis der gesellschaftlichen Totalität" mit einschlieβe. (TuP 242) Diese Erkenntnisinteressen sind Bestandteil jeder Theorie, natürlich auch der Habermasschen, wie schon gesagt. Für ihn stellt sich die Frage, wie ein Erkenntnisinteresse als Bestandteil aufgewiesen werden könne und die Theorie dennoch den Anspruch auf Wissenschaftlichkeit nicht verliere. Diese Aporie - 1963 in "Theorie und Praxis" erkannt - ist die, die Habermas in den folgenden Jahren seiner Theorieentwicklung beschäftigen wird. Die Lösung dieser Aporie wird sein: Es muβ einen wissenschaftlich-stringenten Zugang zum gesellschaftlichen Normsystem geben. Dieses wird von Habermas "Lebenswelt" genannt, sie enthält eine umfassende Komplexität von Hintergrundüberzeugungen, zu denen nicht nur die individuellen Fertigkeiten, sondern auch die kulturellen Erbschaften gehören.

"Soziales Handeln", führt Habermas in Anlehnung an Max Weber fort, "ist eine Befolgung von Normen. Handlungsbestimmende Normen sind kollektive Verhaltenserwartungen. Diese Erwartungen sind ein für das institutionalisierte Handeln relevanter Ausschnitt der kulturellen Überlieferung. Diese ist ein Zusammenhang von Symbolen, der das umgangssprachlich artikulierbare Weltbild einer sozialen Gruppe und damit den Rahmen für möglich Kommunikationen in dieser Gruppe festlegt." (LS 141 f.) Diese Normen, an denen sich die sozial Handelnden orientieren, die somit allgemeine Anerkennung finden und eine Bedeutungsidentität bei allen Beteiligten voraussetzen, konstituieren sich nach Habermas nur in der Sprache (vgl. LS 160). "Wenn Handeln so an Intentionen gebunden ist, daβ es aus Sätzen, die diese Intentionen zum Ausdruck bringen, abgeleitet werden kann, gilt auch umgekehrt die These: daβ ein Subjekt nur die Handlungen ausführen kann, deren Intention es grundsätzlich beschreiben kann. Die Grenzen des Handelns sind durch den Spielraum möglicher Beschreibungen bestimmt. Dieser ist festgelegt durch die Strukturen der Sprache, in der sich das Selbstverständnis und die Weltauffassung einer sozialen Gruppe artikuliert. Also sind die Grenzen des Handelns durch die Grenzen der Sprache gezogen." (LS 161) Wenn diese Annahme gemacht wird, dann muβ Habermas konsequent weiterfragen - um die genannte Aporie lösen zu können und eine entsprechende Methodologie auszuarbeiten -, wie denn eine Theorie des kommunikativen Handelns möglich sei. Für Habermas kristallisiert sich im Rahmen seiner Methodenuntersuchung schon 1967 folgende Antwort heraus: "Wenn wir soziales Handeln als ein Handeln unter geltenden Normen begreifen, müssen sich Theorien des Handelns auf Zusammenhänge von Normen beziehen, die den Ablauf von Interaktionen gestatten. Da Normen zunächst in der Form von Symbolen gegeben sind, liegt es nahe, die Systeme des Handelns aus Bedingungen der sprachlichen Kommunikation abzuleiten. Wo Grenzen der Sprache Grenzen des Handelns definieren, legen die Strukturen der Sprache die Kanäle für mögliche Interaktionen fest." (LS 165)

In den nächsten Jahren beschäftigt Habermas sich so eingehend mit der Sprachtheorie, daβ ihm und seinen Lesern "über den Details das Ziel des ganzen Unternehmens aus dem Blick" geriet (TkH 7), wie er 1981 selbst feststellte. Mit seinen sprachanalytischen Ergebnissen, die dem Publikum vor allem in den siebziger Jahren vorgelegt wurden, wollte Habermas ursprünglich ja der Miβlichkeit begegnen, "daβ die normativen Grundlagen der kritischen Gesellschaftstheorie völlig ungeklärt waren." (DNU 215)

Das substantielle Ergebnis seiner sprachtheoretischen Untersuchungen schlieβt an die Einsicht aus "Zur Logik der Sozialwissenschaften" an, die 1976 in "Zur Rekonstruktion des Historischen Materialismus" noch einmal herausgestellt wird. Dort zeigt Habermas erneut im Anschluβ an George Herbert Mead, daβ

Gesellschaften als ein Netzwerk kommunikativer Handlungen zu fassen seien (vgl. RHM 12). Wie dies zu verstehen sei, teilt er in seinem Aufsatz "Was heißt Universalpragmatik?" ebenfalls aus dem Jahre 1976, mit: "Jede explizit performative Äußerung *stellt* in gewisser Weise eine Interaktionsbeziehung zwischen mindestens zwei sprach- und handlungsfähigen Subjekten zugleich *her* und *dar* ... Die generative Kraft besteht... darin, daß der Sprecher in Ausführung eines Sprechaktes auf den Hörer derart einwirkt, daß dieser mit ihm eine interpersonale Beziehung aufnehmen kann ... Kommunikative Handlungen sind, gleichviel ob sie eine explizit sprachliche Form annehmen oder nicht, auf einen Kontext von Handlungsnormen und Werten bezogen. Ohne den normativen Hintergrund von Routinen, Rollen, soziokulturell eingeübten Lebensformen, kurz: Konventionen, bliebe die einzelne Handlung unbestimmt. Alle kommunikativen Handlungen erfüllen oder verletzen normativ festgeschriebene soziale Erwartungen und Konventionen."(UP 216 f.)

Dieser Zusammenhang von Sprache und Lebenswelt oder von Sprache mit dem normativen Hintergrund von Erkenntnisleistungen wird nicht immer sichtbar. Das weiß Habermas selbst: "Gerade weil *Sprache* ... im Vollzug unserer kommunikativen Handlungen und Expressionen in einer eigentümlichen Halbtranszendenz verharrt, präsentiert sie sich dem Sprecher und dem Handelnden (vorbewußt) als ein Realitätsausschnitt sui generis." (UP 257)

In diesem Aufsatz von 1976 kommt Habermas schon zu dem gesuchten Ergebnis, das in seiner fünf Jahre danach erschienen umfangreichen Publikation "Theorie des kommunikativen Handelns" lediglich systematisch geordnet dargestellt wurde. In Auseinandersetzung mit linguistischen und pragmatischen Theorien kommt Habermas zu der Entdeckung von Geltungsansprüchen, die allen kommunikativen Handlungen zugrunde liegen. Jedes sprechende Subjekt thematisiert etwas aus dem Bereich der äußeren Natur, der Gesellschaft oder seiner inneren Natur. Gegen diese Bereiche grenzt es sich zugleich ab. Mit der Thematisierung erhebt jedes handelnde Subjekt zugleich einen Wahrheitsanspruch, einen Richtigkeitsanspruch und einen Wahrhaftigkeitsanspruch. Einer dieser Ansprüche kann zwar vorrangig erhoben werden, dennoch werden sie immer alle zugleich erhoben.

Diese Ergebnisse ermittelt Habermas auch in Auseinandersetzung mit der Rationalitätstheorie von Max Weber, die nach Habermas' Ansicht einen verkürzten Rationalitätsbegriff beinhaltet. Demgegenüber vertritt Habermas einen an den Theorien von Durkheim und Mead orientierten Begriff unverkürzter kommunikativer Rationalität. Er sieht - sich auf Untersuchungen von Karl-Otto Apel stützend -, daß wir immer schon in Argumenten denken. Wir sind als einsame Denker schon in einen Interaktionszusammenhang gestellt und operieren mit der normativen Basis praktisch-ethischer Regeln. Selbst wenn ich eine wissenschaftliche Aussage mache, also einen assertorischen Satz bilde, nehme ich mit der Mitteilung den Hörer ernst, denn ich will ihn überzeugen, und erwarte Gegenargumente oder Bestätigung. Insofern sind auch in solchen scheinbar rein objektiven Aussagen die ethischen Normen von Gleichheit und Akzeptanz gegenwärtig. Wir sehen hier einen Primat des praktischen Vernunftmoments in der Vernunfteinheit.

An diesem Ergebnis der universalpragmatischen Untersuchungen von Habermas wird nun das Stück Kantianismus, das nach seiner eigenen Aussage in ihm steckt, deutlich (vgl. KPS 530). Auch Kant teilt die Welt in drei Erkenntnisbereiche ein, die mit jeweils anderen Regeln zu erkennen sind. Diese Regeln sind in den drei Kritiken enthalten. Ebenso wie Kant behauptet Habermas - gegen Max Weber - die Vernunfteinheit: Zwar könne einer der Geltungsansprüche thematisch hervorgehoben werden, dennoch kommen sie in jeder Äußerung gleichzeitig ins Spiel. Kantianisch gesprochen: "Diese Ansprüche konvergieren in einem einzigen: dem der Vernünftigkeit." (Vorstudien 194) Habermas hat einmal in einem Interview gesagt, die Vernunft solle "die Vernunftmomente, die in allen drei Kantischen Kritiken auseinandergenommen worden sind, in ihrer Einheit zeigen: Die Einheit der theoretischen Vernunft mit moralisch-praktischer Einsicht und ästhetischer Urteilskraft." (DNU 174) In der "Theorie des kommunikativen Handelns" wird dann ausführlicher gezeigt, was Vernunft für Habermas ist. Im 1988 erschienen "Nachmetaphysischen Denken" greift Habermas das Thema erneut auf. Mit George Herbert Mead, dem der umfangreichste Aufsatz im "Nachmetaphysischen Denken" gewidmet ist, sieht Habermas, daß sich Vernunft intersubjektiv bildet. Vernünftigkeit sei eine Kompetenz vergesellschafteter Individuen, die in sozialen Interaktionszusammenhängen erworben werde. Mead "entdeckt eine schon in der kommunikativen Alltagspraxis selbst operierende Vernunft". (ND 59) Damit ist Vernunft nicht mehr als transzendentalen Ursprungs anzusehen. Vernünftigkeit bildet sich mit der Subjektwerdung. Vernünftigkeit ist nicht mehr - wie wir schon in der "Theorie des kommunikativen Handelns" sehen konnten - etwas nicht Faßbares. Vernunft ist empirisch-sprachlich faßbar; sie vermittelt sich dem Individuum im Prozeß der Selbstwerdung.

In dieser Studie fragt Habermas, ob sich mit dem an der Meadschen Philosophie orientierten nachmetaphysischen Denken auch das Problem von Allgemeinem und Einzelnem gelöst habe. Das Einzelseiende wird im metaphysischen Denken in allgemeine Begriffe gefaßt. Dieses Fassen in allgemeine Begriffe soll das Wesentliche aller durch ihn bezeichneten Einzeldinge enthalten. Nun wurde Habermas in einer Kritik an seinem nachmetaphysischen Denken vorgeworfen, er habe dieses Problem ignoriert oder vorschnell vom Tisch gewischt. Metaphysik verlange nämlich "nichts Geringeres als das uns zugängliche Ganze unter Begriffe zu bringen... Natürlich bleibt es jedem unbenommen, aus pragmatischen Gründen auf fundamentale Erörterungen zu verzichten." (Gerhardt) Diese Vermutung trifft aber keinesfalls das, was Habermas will. Er will nicht die strenge Begriffsarbeit aufgeben. Zur Frage steht lediglich das "Wie?" dieser Begriffsarbeit.

Philosophische Erörterungen bauen immer auf Begriffen auf. Sie haben eine Bedeutung. In einem philosophischen Diskurs kann die Bedeutung eines Begriffes zur Disposition stehen. Frühes Musterbeispiel dafür ist der Platonische Dialog "Laches", in dem der Begriff der Tapferkeit erörtert wird, der am Ende andere Wesensmerkmale aufweist als am Anfang des Dialogs.

Fraglich ist nun, wie mittels nachmetaphysischem Denken hier verfahren werden soll. Natürlich ergeben sich die zu behandelnden Fragen ganz im Sinne des amerikanischen Pragmatismus, an dem Habermas sich orientiert, aus in der Lebenswelt auftretenden Problemen und fraglich gewordenen Hintergrundüberzeugungen. Sie werden dann modo philosophico beantwortet. "Die Möglichkeiten, auf solche Fragen Antworten zu geben, werden aber auch von Veränderungen berührt, die in der Lebenswelt selbst stattfinden." (ND 24 f.) Daβ die Lebenswelt sich stets verändert, ist auch der Grund dafür, daβ die Philosophie in ihrer zweieinhalbtausendjährigen Geschichte keine endgültigen Antworten gefunden hat, die sie allerdings immer suchte. Die Veränderungen in der Lebenswelt verändern auch den von der Metaphysik so genannten Wesenskern eines Gegenstandes, der nicht als unveränderlich zu haben ist. Auf diese Erkenntnis, daβ philosophische Begriffsarbeit immer einen Bezug zur sich ständig verändernden Lebenswelt hat, reagiert das nachmetaphysische Denken. Die Begriffsarbeit des nachmetaphysischen Denkens ist nur anders als die des metaphysischen. Sie wird aber im nachmetaphysischen Denken keineswegs aufgegeben. Im nachmetaphysischen Denken werden "Begriffe und begriffliche Zusammenhänge im Hinblick auf ihre Reichweite und Leistungsfähigkeit erprobt... und wenn sie alle verfügbaren Belastungsproben überstanden haben, können wir sie mit Recht zur Grundlage unseres weiteren philosophischen Denkens machen." (Schnädelbach, Philosophie 502) Begriffe müssen also, so sagt Habermas schon in seinem Aufsatz zur Universalpragmatik, stets anhand neuer Erfahrungen getestet werden. (Vgl. UP 199) Es verhält sich also hier wie in der Psychoanalyse, an deren Modell Habermas seine Theorie bildet: Hypothesen können nur solange gelten wie ihnen keine anderen Erfahrungen widersprechen. Kommen neue Erkenntnisse aus dem Erleben der Patienten hinzu, muβ der Analytiker seine Hypothesen entsprechend umbilden. Auch die Hypothesen des Analytikers werden einem Belastungstest ausgesetzt.

Die Begriffsarbeit im nachmetaphysischen Denken hat also nie den Anspruch, daβ sie um ihrer selbst willen betrieben wird, so wie Aristoteles sie programmatisch an den Anfang der langen Geschichte der Metaphysik stellte. (Metaphysik, Buch I, 1) Begriffsarbeit im nachmetaphysischen Denken ist eingebettet in den Veränderungen unterworfenen Lebenszusammenhang und gewinnt von daher neue Aufgabenstellungen und die Stetigkeit neuer Aufgabenstellungen. Begriffsarbeit ist situationsabhängig. In ihr "mobilisieren wir immer nur Teile unseres sprachlichen Wissens, um andere Teile zu 'reparieren', d.h., um die dort gefährdete Verständigung wiederherzustellen und zu sichern". Eine solche Begriffsarbeit hat "sehr viel mit dem 'piecemeal engineering' auf einem Schiff auf hoher See zu tun, das mit Bordmitteln auskommen muß; man kann eben nicht zugleich auf einem Schiff fahren und es auf Dock legen." (Schnädelbach, Vernunft und Geschichte 166) Mit dieser Konzeption wird auch die Frage nach den "ewigen Wahrheiten" , die in metaphysischen Begriffen stecken sollen, beantwortet. Genauer: Diese Frage wird obsolet.

Mit seinen wissenschaftstheoretischen und erkenntniskritischen Arbeiten zwischen 1963 und 1988 hat Habermas die normativen Voraussetzungen nicht nur seiner eigenen, sondern jeder wissenschaftlichen Erkenntnis nicht behauptet - wie der unausgewiesene Objektivitätsanspruch der Wissenschaften -, sondern durch Rekonstruktionen gefunden. Die Vernunft wird als grundlegend zugrundeliegender Bezugspunkt für die denkenden, handelnden und sprechenden Menschen in Alltag und Wissenschaft ausgewiesen. Der Bezugspunkt der abendländischen Wissenschaften mit Objektivitätsanspruch dagegen ist nicht ausgewiesen.

Nach diesen Ergebnissen kann es auf den ersten Blick verwundern, daß Habermas mit den politikwissenschaftlichen Analysen begonnen hat. Dies läßt sich nur erklären, wenn man sich die lebensgeschichtlichen Erfahrungen von Jürgen Habermas ansieht. Er gehört zu der Generation, von der sein sieben Jahre älterer Freund Karl-Otto Apel sagte, daß sie die "Zerstörung des moralischen Bewußtseins" (Apel 371) selbst erlebt habe und die nach 1945 in dem "dumpfen Gefühl" lebte, daß alles falsch gewesen sei, für das man sich bis dahin eingesetzt habe (Apel 374). Bei allem guten Wissen habe man auch keine "normativ verbindliche Orientierung für die Rekonstruktion der eigenen geschichtlichen Situation" finden können. (Apel 376)

Habermas, der im kleinstädtischen Gummersbacher Milieu und einem durch Anpassung an die politische Umgebung geprägten Elternhaus aufwuchs (KPS 511) , erlebte das Kriegsende im Alter von 15 Jahren. Erst da konnte ihm bewußt werden, daß er in einem politisch kriminellen System gelebt hatte. (512) Hatte Habermas zunächst die Hoffnung, daß grundlegende politische Änderungen eintreten würden, erlebte er stattdessen zwei große Enttäuschungen. Die eine war die Regierungsbildung von 1949. Habermas hatte es nicht für möglich gehalten, daß ein Mann wie Seebohm, der für ihn politische Kontinuität verkörperte, in das erste Kabinett eines demokratischen Staates berufen würde. (513) Die Befürchtung, daß ein wirklicher Bruch im politischen Denken nicht stattgefunden habe, wurde durch die zweite Enttäuschung noch verstärkt. Sie wurde ausgelöst durch die Veröffentlichung der Heideggerschen "Einführung in die Metaphysik" von 1953.

Dies war eine Vorlesung aus dem Jahre 1935, die ohne ein Wort der Erklärung 18 Jahre später veröffentlicht wurde. In seiner damaligen Stellungsnahme dazu sagte Habermas, daβ inzwischen doch 8 Jahre Zeit gewesen seien, sich mit dem, "was war, was wir waren" (Profile 72) auseinanderzusetzen. "Statt dessen veröffentlichte Heidegger seine inzwischen achtzehn Jahre alt gewordenen Worte von der Gröβe und der inneren Wahrheit des Nationalsozialismus, Worte, die zu alt geworden sind und gewiβ nicht zu denen gehören, deren Verständnis uns noch bevorsteht." (72) Daβ dies geschah, muβte Habermas um so mehr erschüttern als er bis dahin in der Heideggerschen Philosophie gelebt hatte. (KPS 515) Erklären konnte Habermas sich das nur so, daβ Heidegger bei der geschichtlichen Betrachtung der Philosophie zwar die Brüche sieht, die in der Neuzeit zum rechnenden und auf Beherrschung abzielenden Denken führt, nicht aber die gleichzeitige Entwicklung moralischen Bewuβtseins, das ein Korrektiv des technisch-instrumentellen Denkens sein könnte. (Profile 71) Dieses Korrektiv wurde fortan Gegenstand Habermasscher Untersuchungen. Moralisch-praktische Erwägungen lagen für Heidegger dagegen unter dem Niveau der Seinssuche und können von ihm als Produkt der Seinsvergessenheit interpretiert werden. (Vgl. Rorty 319) - So ist zu erklären, daβ mit der Habermasschen eine Philosophie entsteht, die zur Heideggerschen nicht komplementär, sondern konträr ist.

SIGELN UND ABKÜRZUNGEN

Apel	Karl Otto Apel, Diskurs und Verantwortung. Das Problem des Übergangs zur postkonventionellen Moral, Frankfurt 1988
Böhme	Gernot Böhme, Der Typ Sokrates, Frankfurt 1988
DNU	Jürgen Habermas, Die Neue Unübersichtlichkeit Frankfurt 1985
Gerhardt	Volker Gerhardt, Kein Ende der Metaphysik, in FAZ vom 17. September 1986
KPS	Jürgen Habermas, Kleine Politische Schriften I - IV, Frankfurt 1981
KuK	Jürgen Habermas, Kultur und Kritik. Verstreute Aufsätze, Frankfurt 1973
Profile	Jürgen Habermas, Philosophisch-politische Profile, Erw. Ausgabe, Frankfurt 1981
Rorty	Richard Rorty, Kontingenz, Ironie und Solidarität, Frankfurt 1989

Schnädelbach, Philosophie	Herbert Schnädelbach, Philosophische Argumentation, in: Ekkehard Martens/Herbert Schnädelbach (Hg.), Philosophie. Ein Grundkurs, Reinbek 1985
Schnädelbach, Vernunft und Geschichte	Herbert Schnädelbach, Vernunft und Geschichte. Vorträge und Abhandlungen, Frankfurt 1985
TkH	Jürgen Habermas, Theorie des kommunikativen Handelns, Bd. 1, Frankfurt 1981
TuP	Jürgen Habermas, Theorie und Praxis. Sozialphilosophische Studien. Vierte durchgesehene, erweiterte und neue eingeleitete Auflage, Frankfurt 1971
UP	Jürgen Habermas, Was heiβt Universalpragmatik? In: Karl-Otto Apel (Hg.), Sprachpragmatik und Philosophie, Frankfurt 1976
Vorstudien	Jürgen Habermas, Vorstudien und Ergänzungen zur Theorie des kommunikativen Handelns, Frankfurt 1984

Jörg Zimmermann

Theorie des kommunikativen Handelns und ästhetische Rationalität*

Fragen der Ästhetik spielen im Werk von Jürgen Habermas eine untergeordnete Rolle. Doch ist zwischen unzureichender Ausführung und möglicher Relevanz innerhalb eines theoretischen Rahmens zu unterscheiden, dessen 'Leerstelle' in aestheticis von anderen Autoren ausgefüllt werden kann. Gleichwohl wirft die von Habermas vorgeschlagene 'Platzanweisung' eine Reihe von Fragen auf, die einer internen Thematisierung bedürfen, zumal dem Bereich des Ästhetischen in der Theorie des kommunikativen Handelns eine durchaus anspruchsvolle Rolle zugestanden wird: Es geht um nichts weniger als um eine Rekonstruktion des *Ergänzungsverhältnisses von kognitiv-instrumenteller, moralisch-praktischer und ästhetisch-expressiver Rationalität.*

Daβ eine solche Ergänzung alles andere als selbstverständlich ist, zeigt sich in der zögernden Art, in der dieser dritte Typus von Rationalität ins Spiel gebracht wird: Die Verbindung von normativem Anspruch und empirischer Analyse, die sich im Falle der Rekonstruktion kognitiv-instrumenteller Rationalität bewährt habe, treffe "vielleicht sogar" auch hier zu, wobei nunmehr allerdings von *ästhetisch-praktischer Rationalität* die Rede ist.[2] Später wird diese Spezifikation durch eine dritte ersetzt: Dem Schema entspräche der Terminus *ästhetisch-evaluative Rationalität*.[3] Schwieriger noch erscheint eine terminologisch eindeutige Fixierung, wenn man die Attribute berücksichtigt, mit denen das *Subjekt* einer vollständig ausgebildeten Vernunft charakterisiert wird: es sei erstens, "urteilsfähig und zweckrational handelnd" - gemäβ seiner kognitiv-instrumentellen Rationalität -, zweitens "moralisch einsichtig und praktisch zuverlässig" - gemäβ seiner moralisch-praktischen Rationalität -, drittens "sensibel wertend und ästhetisch aufgeschlossen" - gemäβ seiner ästhetisch-evaluativen (ästhetisch-praktischen) (ästhetisch-expressiven) Rationalität. Ein ideal vernünftiges Subjekt soll auβerdem fähig sein, "sich seiner Subjektivität gegenüber reflexiv zu verhalten und die irrationalen Beschränkungen zu durchschauen, denen seine kognitiven, seine moralisch- und ästhetisch-praktischen Äuβerungen systematisch unterliegen".[4]

Nun ist *ästhetische Sensibilität* seit der Rationalismuskritik 'empfindsamer' Ästhetik im 18. Jahrhundert geradezu ein Gegenbegriff zur kognitiven Rationalität und läβt sich wohl kaum so bruchlos mit dem Interesse an der Austreibung aller

---

* Geringfügig modifizierte Fassung des Aufsatzes 'Zur kritischen Funktion ästhetischer Rationalität' aus den *Akten des 8. Internationalen Wittgenstein Symposiums*, Teil 1, Wien 1984

"irrationalen Beschränkungen" vermitteln, sofern zur Irrationalität eben auch der Einfluß von Empfindung, Gefühl oder Einbildungskraft gehört. Stärkere Vorbehalte noch weckt die nun doch sehr entschiedene Art und Weise, in der der postulierte dritte Typus von Rationalität in ein sechs mal drei Felder umfassendes *Schema möglicher Argumentationsformen* eingepaßt wird.[5] Hier wird auch die schon eingangs bemerkte terminologische Inkonsistenz offensichtlich: Während 'kognitiv-instrumentelle Äußerungen' und 'moralisch-praktische Äußerungen' jeweils einsinnig dem 'theoretischen Diskurs' bzw. dem 'praktischen Diskurs' zugeordnet sind, wird die an anderer Stelle vorgeschlagene Spezifizierung ästhetischer Rationalität durch die Attribute 'praktisch', 'expressiv' und 'evaluativ' argumentationslogisch auseinanderdividiert. 'Evaluativen Äußerungen' soll die Argumentationsform der 'ästhetischen Kritik', 'expressiven Äußerungen' dagegen die Argumentationsform der 'therapeutischen Kritik' entsprechen. Beide Äußerungstypen wiederum geraten qua 'Kritik' in Opposition zu den kognitiv-instrumentellen und moralisch-praktischen Äußerungen, die - wie auch schon die 'explikativen Äußerungen'- einer Begründung im Diskurs fähig sind. Damit wird über die Abspaltung der expressiven von den evaluativen Äußerungen hinaus auch die zunächst eingeräumte Möglichkeit einer 'ästhetisch-praktischen Rationalität' zurückgenommen. Sie würde in der Tat eine *Affinität von moralischer und ästhetischer Argumentation* andeuten, die der im Schema vorgesehenen strikten Entgegensetzung von Kritik und Diskurs widerspräche. Denn stehen moralische und ästhetische Argumentation durch die ihnen gemeinsame Auszeichnung evaluativer Äußerungen (gut/schön) und den argumentationslogisch darin implizierten Rekurs auf 'Wertstandards' einander nicht näher als etwa moralische und wissenschaftliche Argumentation? Ist im übrigen die Grenze zwischen Kritik und Diskurs wirklich so definitiv, daß moralische Streitfragen stets Sache des Diskurses und nicht der Kritik, ästhetische Streitfragen dagegen stets Sache der Kritik und nicht des Diskurses sein müssen? Das Schema bereitet also - konsequent angewandt - beträchtliche Schwierigkeiten. Und es ist zu vermuten, daß es sich hier gleichermaßen um eine widerspenstige *Sachlage* und eine fragwürdige *Darstellungsform* handelt. Trifft eine solche Schematisierung nicht Vorentscheidungen, die auch dem Interesse an einem 'unverkürzten' Begriff von Rationalität widerstreiten könnten? Vielleicht besteht zwischen ästhetischer Argumentation und philosophischer Explikation sogar ein Zusammenhang, der Zweifel daran aufkommen läßt, ob das, was argumentaiv 'rational' ist, stets mit dem Schematismus einer bestimmten Art von begrifflicher Rekonstruktion zu vereinbaren ist: Lassen sich Begriffe wie 'rational' oder 'vernünftig' tatsächlich in ähnlicher Weise definieren und auf einen eindeutigen semantischen Kern reduzieren wie die Grundbegriffe erfahrungswissenschaftlicher Theorien? Kann hier die Vielfalt historisch und lebensweltlich fundierter Sinnbezüge so vernachlässigt werden, daß nur eine 'Kernbedeutung' zu sichern und gegenüber anderen Kernbedeutungen taxonomisch abzugrenzen wäre? Kritik an Rationalisierungstendenzen sollte jedenfalls vor den Voraussetzungen der eigenen Darstellungsform nicht haltmachen.

Dennoch sei hier die Funktion der erwähnten Schematisierung nicht überbewertet. Was Habermas über diese begrifflichen Vorschläge hinaus zum Problem ästhetischer Rationalität anmerkt, bezieht sich im wesentlichen auf deren *methodologische Grundlegung*: auf die internen Beziehungen zwischen *Bedeutung* und *Geltung* ästhetisch-evaluativer Äußerungen, was auch immer ihr konkreter Inhalt sein mag.[6] Ganz allgemein sind Äußerungen 'rational' zu nennen, wenn sie sich *argumentativ begründen* und *kritisieren* lassen.[7] Ziel ästhetischer Argumentation sei die *Rechtfertigung von Wertstandards*. Von solchen Standards lasse sich ein 'vernünftiger' - also argumentativ gerechtfertigter - und ein 'unvernünftiger' Gebrauch machen; letzteren nennt Habermas auch 'idiosynkratisch'. Gerade im ästhetischen Bereich erzeugt jedoch die Abkehr von Idiosynkrasien insofern ein Problem, als hier Evaluationen vorkommen können, die sich nicht auf schon etablierte Wertstandards berufen, ohne deshalb in jedem Fall 'unvernünftig' zu sein: Sie gelten vielmehr als *innovativ* und zeichnen sich laut Habermas durch ihren 'authentischen Ausdruck' aus, - "z.B. durch die sinnfällige, d.h. ästhetische Form eines Kunstwerks."[8] Die Formulierung suggeriert, daß Kunstwerke selbst Argumente sind; gemeint ist wohl eher, daß sich innovativ-idiosynkratische Bewertungen auf den authentischen Ausdruck und die sinnfällige Form von Kunstwerken als *Geltungskriterium* berufen können. Wie aber wird solche Authentizität und Sinnfälligkeit erfahren, wenn nicht durch gesteigerte ästhetische Sensibilität? Kann solche Sensibilität andererseits tatsächlich ein Kriterium dafür sein, auch solche Äußerungen 'rational' zu nennen, die nicht an schon etablierten Wertstandards orientiert sind? - Je strenger das zugrundegelegte Paradigma von Rationalität ist, desto eher legt sich jedenfalls der Schluß nahe, daß die aus solcher Sensibilität resultierenden Evaluationen gar keine *Argumente* sind, sondern lediglich eine subjektive Anmutung zum Ausdruck bringen, verbunden mit dem Bedürfnis, dies anderen sensiblen Subjekten mitzuteilen.

Erinnert sei in diesem Zusammenhang an den Vorschlag Freges, definitiv zwischen einer Logik der Argumentation über 'rationale' Aussagen und einer psychologischen Erforschung subjektiv-ästhetischer Präferenzen zu unterscheiden: Jeder Genießende besitze sein eigenes Kunstwerk als subjektives Vorstellungsgebilde in sich, so daß zwischen verschiedenen Evaluationen desselben Gegenstandes "gar kein Widerspruch" bestehe. "Daher: de gustibus non disputandum."[9] Ein solcher durch die 'Vielstimmigkeit' ästhetischer Argumentation nahegelegter grundsätzlicher Subjektivismus ist jedoch alles andere als zwingend. Schon die Rede vom je verschiedenen "Vorstellungsgebilde in uns" setzt voraus, daß wir diese Verschiedenartigkeit verbalisieren und damit in Form von *Aussagen über ästhetische Erfahrung* zur Diskussion stellen können. Nicht die unterschiedlichen subjektiven Sichtweisen sind also das argumentationslogische Problem; Schwierigkeiten bereitet vielmehr der weder als *deduktive Ableitung* noch als *induktive Stützung* explizierbare Zusammenhang zwischen ästhetischen Evaluationen, konkret gegebenen Gründen und rechtfertigenden Wertstandards.

Unter Berufung auf die Ergebnisse meta-ästhetischer Untersuchungen meint Habermas, daβ wir auch in "Disputen über Geschmacksfragen" auf die "rational motivierende Kraft des besseren Arguments" vertrauen. Allerdings würden sich derartige Dispute in charakteristischer Weise von Kontroversen über (theoretische) Wahrheits- oder (praktische) Gerechtigkeitsfragen unterscheiden: Argumenten komme ästhetisch die "eigentümliche Rolle" zu, anderen gleichsam "die Augen zu öffnen, d.h. zu einer beglaubigenden ästhetischen Wahrnehmung *hinzuführen*".[10] Ein weiteres argumentationslogisches Kriterium ist die schon erwähnte Grenzziehung zwischen *Kritik* und *Diskurs*: Die 'kulturellen Werte', auf die sich ästhetische Evaluationen beziehen, sind nicht universal zustimmungsfähig. "Daher erfüllen Argumentationen, die der Rechtfertigung von Wertstandards dienen, nicht die Bedingungen von Diskursen. Im prototypischen Fall haben sie die Form der *ästhetischen Kritik*."[11] Tatsächlich ist der Unterschied aber eher ein gradueller; denn auch moralische Argumentation rekurriert auf nicht universal zustimmungsfähige, d.h. kulturabhängige Wertstandards, sieht man einmal ab von den sehr abstrakten Prinzipien einer möglicherweise 'universalistischen' Moral. Andererseits können ästhetische Wertstandards Allgemeingültigkeit zumindest 'ansinnen',[12] auch wenn hier allgemeine Zustimmung nicht allein aufgrund argumentativer Stimmigkeit erlangt werden kann, - eben weil es letztlich einer Beglaubigung durch konkrete Erfahrung bedarf, die das Subjekt ästhetischer Rationalität 'in situ' macht. Gegen eine definitive Grenzziehung zwischen Kritik und Diskurs spricht schlieβlich auch der pragmatische Umstand, daβ sich ästhetische Argumentation faktisch als Zusammenspiel verschiedenartiger Äuβerungstypen mit je verschiedenen Geltungsansprüchen vollzieht, also durchaus nicht auf einen Disput über explizite Evaluationen eingeschränkt ist. Daher halte ich es für legitim, auch vom *ästhetischen Diskurs* im Gegensatz etwa zum moralischen oder wissenschaftlichen Diskurs zu sprechen.[13] Der 'rein theoretische' oder der 'rein praktische' Diskurs ist wie die 'rein ästhetische' Kritik eben reines Konstrukt. Pragmatisch unterscheiden sich die verschiedenen Argumentationsformen vor allem durch das je verschiedene *Dominanzverhältnis* einzelner Äuβerungstypen und Geltungsansprüche, deren Zusammenspiel im ganzen als 'Diskurs' bezeichnet werden kann; denn es geht in jedem Fall darum, bestimmte Behauptungen argumentativ zu begründen, zu bewähren, zu verteidigen oder zurückzuweisen. 'Kritik' wäre demgegenüber in erster Linie eine bestimmte *Funktion* von Argumenten innerhalb von -

bereichsspezifisch zu charakterisierenden - Diskursen. Kritik kann - wie im ästhetischen Diskurs - die entscheidende Rolle spielen, oder aber - wie im wissenschaftlichen Diskurs - dem Ziel theoretischer Erklärung und empirischer Validierung von Sachverhalten untergeordnet bleiben.

Eine solche Relativierung der Begriffe 'Diskurs' und 'Kritik' ermöglicht es überdies, über die Rekonstruktion formaler Bedingungen hinauszugehen und auch inhaltliche Aspekte zu berücksichtigen, die die historische Entfaltung und soziale Situierung eines Diskurses beeinflussen. So ist z.B. die These von der Beglaubigung ästhetischer Argumente durch je individuelle Vergewisserung 'in situ' von einem Vorverständnis ästhetischer Erfahrung abhängig, wie es sich erst im 18. Jahrhundert herausgebildet hat, das also ursprünglich durchaus nicht 'selbstverständlich' war. Indiz dafür ist der heftige Konflikt, den der neuartige Versuch, ästhetische Sensibilität mit ihren emotionalen und imaginativen Komponenten zu einem Kriterium für die Gültigkeit von Argumenten zu machen, im Kontext des herrschenden Rationalismus und seiner Ordnung des Diskurses erzeugte. Tatsächlich war die sogenannte 'Geschmacksdebatte' die wohl schärfste Herausforderung für das dem Vorbild der Logik und Mathematik verpflichtete deduktivistische Begründungsmodell.[14] Aber auch der an den Bedingungen empirischer Generalisierung orientierte Induktivismus konnte sich bei aller Sympathie für die Konzentration auf 'einzelne Fälle' kaum mit der Emphase einverstanden erklären, mit der ästhetische 'Sensibilisten' die Einmaligkeit des Kunstwerkes und die ihr korrespondierende singuläre Evaluation gegen alle induktive Komparatistik verteidigten. Leitend ist die Überzeugung, es sei unmöglich, daß "der gute Geschmack durch Regeln, die ein vollständiges System der Kunst ausmachen, gelehret und vorgetragen werde, weil seine Urteile sich auf *besondere* Stellen beziehen, die nach ihren *besonderen* Absichten und nach der Beschaffenheit *besonderer* Dinge beurteilt werden müssen."[15] Diese im 18. Jahrhundert geführte metatheoretische Kontroverse zwischen Deduktivismus, Induktivismus und ästhetisch inspiriertem 'Singularismus'[16] ist bis heute aktuell geblieben. Sie hat daher auch Einfluß auf die Bestimmung des Stellenwertes ästhetischer Rationalität im Verhältnis zu anderen Rationalitätstypen. Darüber gibt die Geschichte jener Kontroverse eine Reihe von interessanten Aufschlüssen.

So besteht die Strategie des Deduktivismus vor allem in dem Versuch, das je individueller Sensibilität verpflichtete 'Geschmacksurteil' als eine bloß vorläufige Form des 'Verstandesurteils' zu erweisen, so daß die vermeintlich singuläre Evaluation im Prinzip aus allgemeingültigen Regeln abgeleitet werden könnte. Andererseits war die Position des ästhetisch inspirierten Singularismus auch ein Anlaß, um auf die Grenzen deduktiver Begründung zu reflektieren. Dies aber berührte ebenso die Frage nach den Kriterien von Rationalität und Irrationalität: Als 'irrational' galt die 'Verworrenheit' der Sinnesanschauung (aisthesis), die

'Dunkelheit' metaphorischer Sprache, der Einfluß von Empfindung, Gefühl, Einbildungskraft, all jener 'Vermögen' also, die im Prozeß ästhetischer Argumentation irgendwie involviert waren. Sensible Rationalisten sprachen von 'je ne sais quoi', das uns befriedigt oder abstößt, wenn wir mit subjektiver Evidenz erkennen, ob ein Kunstwerk Geltung beanspruchen kann oder nicht.[17] Eine andere Art des Entgegenkommens bei Wahrung der Definitionsmacht waren verschiedene Versuche terminologischer Assimilation des zuvor als 'irrational' ausgegrenzten Bereichs: So ließ sich das ästhetische Beurteilungsvermögen zum 'analogon rationis' erklären, dem auf seiten des Objekts eine 'veritas aesthetica' korrespondieren sollte.[18] Derartige Rationalisierungen und Systematisierungen haben andererseits schon früh den Widerspruch von Künstlern hervorgerufen, die den Eigensinn des Ästhetischen in seiner anarchisch-individualistischen Qualität glaubten verteidigen zu müssen. ("Gott erhalte unsre Sinne, und bewahre uns vor der Theorie der Sinnlichkeit"[19])

Aber auch innerhalb der Philosophie artikulierte sich im Namen ästhetischer Sensibilität eine Opposition, die nicht ohne weiteres als 'irrationalisitisch' abqualifiziert werden konnte. Dem abstrakten Cogito der herrschenden Epistemologie trat ein Begriff von Subjektivität gegenüber, der durch das 'harmonische' Zusammenspiel von Empfindung, Gefühl, Phantasie, Witz, Reflexion, Urteilskraft charakterisiert war. Verstand allein, konzentriert in der Fähigkeit, logische und mathematische Operationen durchzuführen, konnte nicht mehr beanspruchen, die ganze 'Vernünftigkeit' des Menschen zu repräsentieren. Deutlich spiegelt sich diese Neubewertung der Subjektivität im Zeichen ästhetischer Argumentation in Kants *Kritik der Urteilskraft* - trotz des durch die *Kritik der reinen Vernunft* vorgezeichneten restriktiven Begriffs möglicher Objektivität. Tatsächlich unterscheidet sich das 'Geschmacksurteil' durch seine Reflexivität, durch seinen - argumentativ allerdings nicht zwingenden - Anspruch auf "jedes andern Beistimmung" und durch seine Orientierung am "Endzweck der Vernunft" so signifikant von bloß subjektiven Bekundungen des Gefallens oder Mißfallens, daß es durchaus auch im Rahmen des transzendentalphilosophischen Ansatzes als Manifestation eines spezifischen Typs von Rationalität betrachtet werden könnte. Ebenso läßt sich die Rede von "ästhetischen Ideen", die "viel zu denken" veranlassen, ohne daß ihnen doch "irgendein *bestimmter* Gedanke, d.i. Begriff" - im Sinne reiner Verstandesrationalität - adäquat sein könnte,[20] mit der Möglichkeit einer anderen Rationalität vereinbaren: Stellt Kant hier nicht implizit zwei verschiedene Formen des Denkens einander gegenüber, denen je verschiedene Erfahrungsbereiche entsprechen?

Die Charakterisierung ästhetischer Argumentation in der *Kritik der Urteilskraft* zeigt aber auch, daß eine angeblich nur an der Rekonstruktion formaler Bedingungen interessierte transzendentale Untersuchung ohne ein bestimmtes *inhaltli-*

ches Vorverständnis ästhetischer Erfahrung nicht auskommt: So erklärt sich die Emphase, mit der Kant behauptet, daβ Geschmacksurteile "einzelne Urteile" über je individuelle Kunstwerke oder auch Naturszenerien sind, aus der für die 'empfindsame' Ästhetik des 18. Jahrhunderts typischen Kritik an der traditionellen Auffassung von Schönheit im Sinne mathematisch präzisierbarer Harmonie und regelkonformer Perfektibilität. "Ästhetisch" sei nicht die - auf eine eindeutige Formel reduzierbare - "Zirkelgestalt", sondern der - solcher Rationalisierung sich verweigernde - "kritzlige Umriβ", nicht der in parallelen Reihen angeordnete "Pfeffergarten", sondern eine "an Mannigfaltigkeiten bis zur Üppigkeit verschwenderische Natur", die "keinem Zwange künstlicher Regeln unterworfen" dem Geschmack "für beständig" Nahrung geben könne.[21] Aus der Perspektive ästhetischer Sensibilität erscheint also das gewohnte Paradigma von Rationalität als Ausdruck von Zwang; dem Streben nach unbedingter Allgemeinheit und eindeutiger begrifflicher Fixierung widerstreitet das Interesse am Charakteristischen, Individuellen, Originellen, wie es sich exemplarisch in den 'Genieprodukten' der Kunst verwirklichen und im Geschmacksurteil seinen argumentativen Widerhall finden soll.

Nun kann auch in anderen Bereichen der Erfahrung kontextspezifische Argumentation so sehr im Vordergrund stehen, daβ deduktive und induktive Begründungsverfahren irrelevant werden. Ein konkreter Ansatzpunkt wäre der Vergleich einer am 'Sinn' bestimmter singulärer Phämomene orientierten historischen, psychologischen oder philosophischen Untersuchung mit der Verständigung über den Sinn eines literarischen Textes. Welche Rolle spielt dabei je individuelle Sensibilität? Sicherlich ist sie in der Variation ihrer 'subjektiven' Ausdrucksform mitverantwortlich für die Offenheit und Vielstimmigkeit eines Argumentationsprozesses, in dessen Verlauf die vermeintlichen 'Kernbedeutungen' immer wieder durch Konnotationen, analogische Beziehungen, metaphorische Verweisungen in Frage gestellt werden können. Tatsächlich sind hier konkrete Erfahrung und reflexiv-interpretative Sinnbestimmung so eng miteinander verschränkt, daβ die scheinbar unabweisbare Forderung nach *dem* Sinn eines Textes und der ihm korrespondierenden *richtigen* Interpretation illusionär wird. Daraus ist jedoch nicht zu schlieβen, daβ es zwischen verschiedenen Interpretationen keinerlei Konkurrenz im Geltungsanspruch gäbe: Interpretationen sind mehr oder weniger plausibel, und ihre Chance, akzeptiert zu werden, hängt auch von der Einhaltung bestimmter 'Kunstregeln des Verstehens' ab, auf die man sich innerhalb einer Diskursgemeinschaft geeinigt hat. Dennoch bleibt fast immer ein Spielraum der Sinnakzentuierung, der dem Interpreten Gelegenheit gibt, seine ästhetische Sensibilität zum Ausdruck zu bringen. Zwar sind zahlreiche Aspekte der Sinnstruktur eines Textes so konventionalisiert, daβ sie durch schlichte Berufung auf einen hermeneutischen 'consensus omnium' zu bestätigen sind; die Ironie des

Ästhetischen will es jedoch, daβ die Möglichkeit einer allgemeinen, von der je individuellen Erfahrungsperspektive unabhängigen Bestätigung um so geringer wird, je subtiler und kreativer die Argumente des Interpreten sind. Der Sinn eines literarischen Textes ist also kein Faktum, das irgendwie vorgängig schon existiert, um im Prinzip eindeutig auf den Begriff gebracht zu werden: Die Grenze zwischen einem Sinn, der dem beurteilten Text 'tatsächlich' zukommt, und einem Sinn, der 'hineingelesen' wird, zeigt sich nur *innerhalb* des Konflikts von Interpretationen.
Gilt dies aber nicht 'mutatis mutandis' auch für die Problemfelder, denen sich die Philosophie verstehend und interpretierend zuwendet? Denn was oft so selbstverständlich 'Konstruktion' oder 'Rekonstruktion' von Begriffen genannt wird, ist de facto zumeist 'nur' ein interpretativer Entwurf, der ein offenes, von vielen Reminiszenzen und lebensweltlichen Implikationen bestimmtes Netz semantischer Verweisungen in einer bestimmten Richtung akzentuiert: Wie viele Rationalitätstypen z.B. 'gibt es' und wie sind sie voneinander abzugrenzen? Das hängt eben davon ab, was man unter 'Rationalität' versteht, welche exemplarischen Fälle man vor Augen hat, welche Erfahrungsbereiche im Vordergrund stehen. Schwerlich wird sich die Vielfalt kontextspezifischer Bestimmungen innerhalb dieses argumentativen Feldes so reduzieren lassen, wie es ein gebräuchlicher begrifflicher Schematismus zumindest durch die Darstellungsform suggeriert. Jedenfalls sind philosophische und ästhetische Argumentation hinsichtlich ihrer konkreten hermeneutischen Voraussetzungen sehr viel enger miteinander verbunden, als es die seit Descartes dominierende Orientierung an einem logisch-konstruktivistischen Begründungsmodell wahrhaben möchte. Auch in der Philosophie ist die Situation zumeist von der Art, daβ uns - wie es die *Kritik der Urteilskraft* am Beispiel der ästhetischen Evaluation eines Gedichts erläutert - kein "Vernünfteln" im Sinne methodisch eindeutiger Ableitung dazu zwingen kann, ein bestimmtes Argument zu akzeptieren, obgleich uns das widerstreitende Urteil anderer "mit Recht in Ansehung des unsrigen bedenklich machen kann".[22] Verhält sich nun derjenige 'rationaler', der stets auf die Verbindlichkeit von Methoden pocht, oder derjenige, der seine Zustimmung stets von einer Einschätzung des jeweiligen Kontextes der Argumentation abhängig macht?

Daβ sich Philosophie so sehr von den Voraussetzungen ihrer eigenen Argumentation zugunsten eines kaum realisierbaren Ideals abwenden konnte, hängt wohl auch mit der tief verwurzelten Überzeugung zusammen, daβ es doch eine bestimmte, allen anderen Möglichkeiten überlegene Methode des 'richtigen' Vernunftgebrauchs geben müsse. Ihr sollte schlieβlich auch die Philosophie entsprechen, obwohl sie doch ihr methodologisches Plädoyer nicht in derselben Weise argumentativ 'sichern' konnte wie jene Argumentationsformen, die der propagierten Methode 'ab ovo' zu folgen hatten. In dieser Hinsicht hat auch die 'sprachkritische Wende' philosophischer Methodenreflexion wenig bewirkt: *Sprach*logisch-konstruktivistische Varianten des alten Ideals festigten eher dessen Autorität. Zu den seltenen Ausnahmen zählt die *späte Philosophie Wittgensteins*, die die Unterstellung, daβ es eine bestimmte Methode 'rationaler' Argumentation geben müsse, nachhaltig in Frage stellt, ohne doch zu 'irrationalistischen' Alternativen Zuflucht zu nehmen. Vor diesem Hintergrund ist es nicht verwunderlich, daβ Wittgenstein den Widerspruch zwischen faktischem Vorgehen und idealer Orientierung philosophischer Argumentation am Gegensatz von logisch-konstruktivistischer und ästhetisch-kontextualistischer 'Sinnklärung' erläutert.[23] Die "seltsame Ähnlichkeit einer *philosophischen* Untersuchung mit einer *ästhetischen*"[24] ist darin begründet, daβ auch bei unseren Urteilen über das, was ein Begriff 'bedeutet', 'bedeuten soll' oder 'bedeuten kann', die Beglaubigung durch je eigene Erfahrung eine Rolle spielt: wie wir den Begriff verstehen und verwenden, wie wir seine Affinität oder Distanz zu anderen Begriffen einschätzen, welche kontextuellen Sinnbezüge wir als relevant, aufschluβreich, interessant erachten.

So könnte die *kritische Funktion ästhetischer Rationalität* und der ihr verpflichteten Form kontextspezifischer selbstverantwortlicher Argumentation vor allem darin bestehen, einer auch in der Philosophie weitverbreiteten Tendenz zur *Rationalisierung* entgegenzuwirken: der Forderung nach lückenloser Legitimation durch Methode, nach Eliminierung aller Deutungsspielräume, nach einer Reinigung des Diskurses von allen subjektiven 'Trübungen'.

ANMERKUNGEN

1 Habermas, J. Theorie des kommunikativen Handelns, Bd. I und II, (Frankfurt a. M. 1981), S. 485

2 Habermas (1981), S. 17

3 Habermas (1981), S. 45

4 Habermas (1981), S. 43

5 Habermas (1981), S. 45

6 Habermas (1981), S. 22

7 Habermas (1981), S. 36

8 Habermas (1981), S. 37

9 Frege, G., Nachgelassene Schriften, hrsg. v. H. Hermes, F. Kambartel und F. Kaulbach (Hamburg 1969), S. 144

10 Habermas (1981), S. 70. Zur näheren Bestimmung ästhetischer Argumentation vgl. meine Ausführungen in *Sprachanalytische Ästhetik* (Stuttgart-Bad Cannstatt 1980), S. 145ff.

11 Habermas (1981), S. 41

12 Nach der Formulierung Kants in seiner *Kritik der Urteilskraft*, § 8

13 Vgl. dazu Teil 3 meiner Abhandlung *Sprachanalytische Ästhetik*.

14 Zu dieser Debatte vgl. A. Baeumler, *Das Irrationalitätsproblem in der Ästhetik und Logik des 18. Jahrhunderts bis zur Kritik der Urteilskraft* (Tübingen 2 1967)

15 Breitinger, J.J., *Critische Dichtkunst*, Nachdruck der Ausgabe von 1740 (Stuttgart 1966), Bd. I, S. 430f.

16 Zu diesem Terminus vgl. Teil 2 meiner Abhandlung *Sprachanalytische Ästhetik*, S. 166ff.

17 Leibniz, G.W., *Werke*, hrsg. v. H.H. Holz, Bd. I (Darmstadt 1965), S. 126f.

18 Baumgarten, A.G., *Aesthetica*, Bd. I und II (Frankfurt a.d. Oder 1750 - 1758), Prolegomena § 1; Sect. XXVII-XXXVI

19 So das Resümee Goethes in seiner 1772 erschienenen Rezension von Sulzers *Die Schönen Künste in ihrem Ursprung, ihrer wahren Natur und besten Anwendung betrachtet.*

20 *Kritik der Urteilskraft*, § 49

21 *Kritik der Urteilskraft*, § 22, Allgemeine Anmerkung zum ersten Abschnitt der Analytik.

22 *Kritik der Urteilskraft*, § 33

23 Vgl. dazu meine ausführliche Darstellung in *Wittgensteins sprachphilosophische Hermeneutik* (Frankfurt a. M. 1975), S. 183ff.

24 Wittgenstein, L., *Vermischte Bemerkungen* (Frankfurt a. M. 1977), S. 161

Klaus Christoph

Habermas' Psychoanalyse-Rezeption

Zum Problem des Kognitivismus in seiner Theoriebildung

VORBEMERKUNG

Auf den ersten Blick mag die Psychoanalyserezeption von Habermas ein wenig wie Schnee von gestern anmuten. Sein der Psychoanalyse entlehntes Selbstreflexions-Modell, das sich wissenschaftskritischen Überlegungen zum Verhältnis von 'Erkenntnis und Interesse' (1968) verdankt, scheint längst überboten durch seine umfassende, an Fragen einer normativen Grundlegung kritischer Gesellschaftstheorie orientierte 'Theorie des kommunikativen Handelns'(1981). Dennoch lohnt sich eine Beschäftigung mit dem Selbstreflexions-Konzept. Es enthält eine Reihe erkenntnis- und wissenschaftskritischer Überlegungen, die aktuell geblieben sind und an die es zu erinnern gilt - auch in konkretisierender Absicht. Aufmerksam zu machen ist aber zugleich auf einen anderen Punkt: Habermas' Psychoanalyserezeption ist an zentraler Stelle von einem tief ansetzenden Kognitivismus geprägt, der sich zugleich als interne Voraussetzung seiner weiteren, sprachphilosophisch inspirierten Theoriebildung erweist. Diese Zugriffsweise ist mit spezifischen, vor allem das Theorie/Praxis-Verhältnis betreffende Konsequenzen verbunden. Auch die Fragerichtung, der Habermas folgt und die auf den Entwurf eines Modells 'rationaler Verständigung' (= 'unverzerrter Kommunikation') zuläuft, ist in der Psychoanalyse-Rezeption markiert. Der Weg führt über die Diskurstheorie zu einem Begriff des kommunikativen Handelns, der eine produktive Verknüpfung mit nicht-kognitiven Antriebspotentialen und Fähigkeiten zumindest schwermacht.

I

Zunächst einige Stichworte zum theoretischen Kontext der Psychoanalyse-Rezeption von Habermas. Sie wird nicht - wie beim alten Frankfurter Kreis[1]- durch historisch konkrete Problemlagen angestoßen. Wie schon angedeutet, nimmt Habermas die Psychoanalyse vielmehr im Rahmen seiner wissenschaftskritischen Untersuchungen des Verhältnisses von Erkenntnis und Interesse, Theorie und Praxis in Anspruch. In diesem Zusammenhang trifft er im Anschluß an seine Positivismus- und Marx-Kritik[2] eine theoretische Vorentscheidung, die für das Verständnis seiner (weiteren) Theoriebildung von zentraler Bedeutung ist: Habermas besteht darauf, daß die Organisation intersubjektiver (und damit auch herrschaftlicher) Beziehungen zwar nicht unabhängig von produktiver Tätigkeit (im Sinne gegenstandsbezogener Arbeit) zu denken ist, aber einer eigenen Logik folgt. Diese vollzieht sich im Medium symbolisch vermittelter Interaktion und ist an geltenden Normen orientiert, die der Legitimation bedürfen, während Arbeit an den Formkreis instrumentalen Handelns gekoppelt ist, der technischen Regeln folgt. Dieser Differenz muß auf *kategorialer* Ebene mit einer Unterscheidung von Arbeit und Interaktion Rechnung getragen werden, wenn die Theoriebildung nicht dem folgenreichen Mißverständnis einer Ineinssetzung von Produktivkraftentwicklung und Emanzipation von Herrschaft aufsitzen will.

Mit dieser Unterscheidung rekurriert Habermas gleichzeitig auf die Lebenswelt als den Ort, dem das reflektierende Bewußtsein entspringt und der das Erkenntnisinteresse der Theoriebildung präjudiziert. Diese bezieht ihre emanzipatorische Kraft aus der Reflexion dieser Bedingungen, deren Bestandteil sie ist. Erst über diese *selbstreflexive* Bewegung findet wissenschaftliches Denken Anschluß an das Interesse, sich von naturwüchsigen Zwängen zu emanzipieren. Kurz: Kritische Theorie ist eine selbstreflexive Wissenschaft, bei der das Interesse an einer Veränderung dogmatisierter Lebensformen und Weltbilder mit dem Interesse an Aufklärung zusammenfällt.

Bei der Frage nun, wie sich diese wissenschaftskritische Option unter methodologischen Gesichtspunkten konkretisieren läßt, wird für Habermas die Psychoanalyse *als Verfahren* relevant: "als das einzig greifbare Beispiel einer methodisch Selbstreflexion in Anspruch nehmenden Wissenschaft." (1968, S. 262) Auch Freuds Kulturtheorie kommt in diesem Zusammenhang zur Geltung . Mit ihrer Hilfe will Habermas seine Wissenschaftskritik unter gattungs-geschichtlichen Gesichtspunkten plausibel machen und zu einer substantiellen Erweiterung der Begriffe 'Herrschaft' und 'Ideologie' im Sinne seiner Interaktionskategorie gelangen.

II

In Anlehnung an Freud erinnert Habermas daran, daß die für die Psychoanalyse zentrale Tatsache der Abwehr unerwünschter Triebregungen zugleich von zentraler gattungsgeschichtlicher Bedeutung ist. Sie verweist auf einen gesellschaftlichen Konflikt, der gleichsam unterhalb der klassenspezifisch verzerrten Distributionsverhältnisse angesiedelt ist: der Konflikt zwischen den Funktionen der Selbsterhaltung unter dem Zwang der äußeren Natur - und dem überschießenden Potential der inneren Natur , den libidinösen und aggressiven Triebimpulsen. Dieser Grundkonflikt treibt die Gesellschaft zu institutionalisierten Regelungen, die - *auch* weil hier Herrschaftsinteressen eingehen - zugleich der Absicherung bedürfen. Auf Dauer gelingt dies nur über die Internalisierung von Normen, deren stummer, unbewußt affektiv gebundener Zwang der Kritik entzogen ist. So erzeugt der institutionelle Rahmen individuell wie kollektiv eine "relativ starre Reproduktion gleichförmigen Verhaltens" (1968, S.335), das mit seinem ideologisch befangenen Bewußtsein und seinen Kommunikationsverzerrungen 'Normalität' repräsentiert.

Auch die kulturellen Überlieferungen lassen sich unter dem Gesichtspunkt abgewehrter Intention entziffern. Sie können als Sublimierungen gefaßt werden, die eine öffentlich lizensierte Entschädigung für die abverlangten Versagungen gewähren. Diese Entschädigungen lassen sich leicht zu Legitimationen des geltenden Normsystems ausgestalten. Aber als Kompensationen repräsentieren sie nicht durchweg falsches Bewußtsein. Sie enthalten auch Wunschphantasien, die die geltenden Normen transzendieren. Weil Arbeitszwang und Triebverzicht historisch variable Größen sind, kann der institutionelle Rahmen "mit fortschreitender Technik lockerer werden und zunehmend Teile der kulturellen Überlieferung, die zunächst projektiven Gehalt haben, in Realität verwandeln" (ebd. S. 339 f.). Innerhalb dieses Prozesses ist Aufklärung dem Ziel verpflichtet, die "affektiven Grundlagen des Kulturgehorsams durch rationelle zu ersetzen". (Freud zitiert ebd. S. 344) Und das kann nur vermittels selbstreflexiver Prozesse gelingen.

Aufklärung als selbstreflexiver Prozeß - dafür gibt für Habermas das psychoanalytische Verfahren ein beispielhaftes Modell ab. Hier geht es nämlich um die bewußte und praktisch folgenreiche Aneignung eines Stückes unterdrückter Lebensgeschichte. Der vom Therapeuten induzierte Erkenntnisvorgang richtet sich darauf, das widerständige Agieren des Patienten in Erinnern umzusetzen mit dem Ziel, Abspaltungsprozesse und damit einen fehlerhaften Bildungsprozeß rückgängig zu machen. (Hier ist wichtig, daß Habermas die Verdrängung, die zur Abspaltung psychischer Inhalte führt, in Anlehnung an Lorenzer (1970) als Desymbolisierung bzw. Exkommunikation von Sprache begreift - ihre Rückgängigmachung als Resymbolisierung.) Dieser Reflexionsprozeß ist Kritik in dem Sinne, "daß der Einsicht die analytische Kraft der Auflösung dogmatischer Einstellungen innewohnt. Kritik endet in der Veränderung der affektiv-motivationalen Grundlage wie sie auch mit dem Bedürfnis praktischer Veränderung beginnt" (ebd. S. 286) - also durch Leiderfahrungen angestoßen wird.

Das zwanghafte Agieren des Patienten führt zu Szenen, die dem Analytiker Anhaltspunkte für eine Rekonstruktion zurückliegener Konflikte liefern. Entsprechende Deutungen haben aber prinzipiell *hypothetischen* Charakter, solange sie vom Patienten nicht bewußt und im Verhalten verifiziert worden sind. (D.h., allgemeine Interpretationen bzw. theoretische Konstruktionen als solche verfügen *nicht* über Gewißheiten.) Voraussetzung ist, daß der Analytiker über sein eigenes Selbst aufgeklärt ist, eben weil er sich selber zum Instrument von Erkenntnisgewinnung macht, und zwar nicht durch Ausschaltung seiner Subjektivität, sondern durch deren kontrollierten Einsatz. Und 'Kontrolle' schließt hier ein bestimmtes Ziel ein, nämlich die Konstituierung von Selbstbewußtsein auf der Basis gegenseitiger Anerkennung. Zusammengefaßt: Das psychoanalytische Verfahren repräsentiert einen Wissens- und Erkenntnistyp, der den Zusammenhang von Erkenntnis und Interesse praktisch wahrt.

Völlig anders bewertet Habermas Freuds metapsychologische Modellbildung, also die Darstellung des seelischen Apparats und seiner Funktionszusammenhänge. Hier transformiert Freud, so Habermas, die intersubjetiv gewonnenen Erfahrungen in ein naturwissenschaftlich angeleitetes Energieverteilungsmodell, das seelische Vorgänge als beobachtbare Naturabläufe erscheinen läßt. Dieses "szientistische Selbstmißverständnis" (ebd. S. 300) verweist für Habermas zugleich auf ein Desiderat: auf das Fehlen einer Theorie, die den Zusammenhang von Sprachdeformation und Verhaltenspathologie mit einer Theorie der Umgangssprache begründet, einer Theorie, die verzerrte Kommunikation an einem lebensweltlichen Modell *unverzerrter* Kommunikation plausibel machen kann.

Damit ist auch die Richtung angedeutet, die die Theoriebildung von Habermas genommen hat. (Habermas 1971, 1975[2]) Sein primäres Interesse gilt nun den im kommunikativen Handeln 'angelegten' und normativ wirksamen Rationalitätspotentialen, mit deren Freilegung einer zeitgemäßen Gesellschaftstheorie zugleich die kritischen Maßstäbe geliefert werden.[3]

III

Habermas' Werk 'Erkenntnis und Interesse', in dem er auch die Psychoanalyse systematisch in Anspruch nimmt, hat eine ebenso breite wie kritische Resonanz gefunden. Bei den Einwänden, die sich auf die Psychoanalyse-Rezeption bzw. das Selbstreflexions-Konzept beziehen, spielen zwei Punkte eine zentrale Rolle. Der eine läßt sich auf den Nenner bringen, daß die Bedingungen der psychoanalytischen Situation andere seien als die von Klassenherrschaft und die Emanzipation von diesen Bedingungen nicht vermittels einer psychoanalytischen Kur bewerkstelligt werden könnte. Der zweite, eher immanente Einwand richtet sich auf den Selbstreflexionsbegriff: Er setze in eins, was auseinandergehalten werden müßte, nämlich die allgemeinen Bedingungen von Erkenntnis auf der einen und die jeweils spezifischen Bedingungen eines partikularen Bildungsprozesses (eines Individuums oder einer Gruppe) auf der anderen Seite.[4]

Habermas hat auf diese Einwände geantwortet (1972[2], 1973[4]) und dabei wesentliche Modifikationen seiner Überlegungen vorgenommen. Im Blick auf die Vermittlung von Theorie und Praxis unterscheidet er drei Funktionen, die (nunmehr) an drei unterschiedliche Interaktionsmodelle gebunden sind. *Erstens*: die Fortbildung kritischer Theoreme, die auf der Ebene des Diskurses erfolgt und den üblichen wissenschaftlichen Standards verpflichtet ist. Die Theorie muß der diskursiven Überprüfung vermittels 'reiner' Argumente standhalten, wobei sie ihre *Bestätigung* jedoch nur durch die Aufzuklärenden finden kann. "Denn erst in dem

Maße, als Aufklärung und Beratung dazu führen, daß sich Zielgruppen in den angebotenen Interpretationen tatsächlich erkennen, wird aus den analytisch vorgeschlagenen Deutungen ein aktuelles Bewußtsein." (1972[2],S. 38) *Zweitens*: die Organisation von Aufklärungsprozessen, die an die Kautelen der Selbstreflexion gebunden bleibt, weil in entsprechenden Gruppen typische Muster verzerrter Kommunikation wirksam sind, die einer zwanglosen Verständigung entgegenstehen. *Drittens*: der politische Kampf. Er ist empirisch von unterschiedlichen Situationen und Kräftekonstellationen abhängig, die nach entsprechenden Entscheidungen verlangen. Ein normatives Modell kann deshalb hier nur auf der Ebene der Entscheidungsfindung angegeben werden: Sie muß auf der konsensuellen Basis gleichberechtigt Beteiligter erfolgen.

Diese Differenzierungen sind mit zwei wichtigen Konsequenzen verbunden: daß Aufklärungsprozesse (zunächst) auf die durch ihre Interessenlage ausgezeichneten Zielgruppen beschränkt werden können (womit das Selbstreflexions-Konzept der Realität interessengespaltener Gruppen Rechnung tragen möchte) - und: daß Selbstreflexion nunmehr nur noch eine Ebene möglicher Erkenntnis- und Verständigungsprozesse in emanzipatorischer Absicht bezeichnet, die dazu gegenüber der Fortbildung kritischer Theoreme einen abgeleiteten Status innehat (was den Einwand einer umstandslosen Identifikation von Reflexion und praktischem Engagement entkräften soll).

Letzteres korrespondiert mit der nunmehr grundsätzlichen Unterscheidung von "Selbstreflexion im Sinne der Kritik" und sog. "Rationalen Nachkonstruktionen", (1972[2],1973[4]) die die *allgemeinen* Bedingungen der Möglichkeit kommunikativen Handelns ausweisen sollen und insofern 'reines' Wissen repräsentieren. Damit hat Habermas den Zusammenhang von Erkenntnis und Interesse, Theorie und Praxis, zumindest wieder gelockert.

IV

In den Antworten von Habermas an seine Kritiker tritt, wenngleich in allgemein bleibenden Formulierungen, die praktische Absicht seiner Theoriebildung deutlich hervor. In diesem Zusammenhang möchte ich auf ein Problem aufmerksam machen, das mit eben dieser Intention zusammenhängt. Es bezieht sich auf ein praktisch folgenreiches Element der Theoriekonstruktion und ist insofern allen 'Umsetzungsproblemen' vorgelagert. Ich möchte zunächst diese Problematik an einem zentralen Punkt seiner Psychoanalyse-Rezeption deutlich machen.[5]

Habermas kritisiert zu Recht die naturwissenschaftliche Färbung der Freud'schen Metapsychologie, insbesondere die des Instanzen-Modells. Jedoch kommt bei dieser Kritik ein wesentliches Konstruktionsprinzip der Freud'schen Lehre in eine merkwürdig schiefe Lage. So schließt dieses Modell mit seiner Es-,

Ich- und Überich-Instanz einen Blickwinkel ein, der gewissermaßen von 'unten' nach 'oben' geht, von der 'Naturbasis' der Triebe zu den 'höheren' kulturellen Ich-Leistungen. Entsprechend definiert Freud den Funktionzusammenhang von Es und Ich:

> "Die Macht des Es drückt die eigentliche Lebensabsicht des Einzelwesens aus. Sie besteht darin, seine mitgebrachten Bedürfnisse zu befriedigen. Eine Absicht, sich am Leben zu erhalten und sich durch die Angst vor Gefahren zu schützen, kann dem Es nicht zugeschrieben werden. Dies ist die Aufgabe des Ich, das auch die günstigste und gefahrloseste Art der Befriedigung mit Rücksicht auf die Außenwelt herauszufinden hat." (1962, S.10)

Zu dieser Funktionsbestimmung gehört die nicht weniger grundlegende Annahme Freuds, daß sich das Ich "aus der Rindenschicht des Es" entwickelt (ebd. S. 76). Beides wahrt den Gesichtspunkt, daß das Ich als die vermittelnde Instanz zwischen den Anforderungen der inneren und äußeren Realität nicht nur auf die Triebe als Energiequelle verwiesen bleibt, sondern sich auch den Triebansprüchen verpflichtet weiß. Entsprechend gehört zur Realitätsprüfung die (als Ich-Funktion zweifellos wesentliche) Verschiebung oder Abwehr von Triebansprüchen, aber auch deren Zulassung - nicht zuletzt zugunsten der Ich-Entwicklung selber (ebd. S.77).

Eher umgekehrt ist der Blickwinkel von Habermas. Bei seinem Versuch, das psychoanalytische Verfahren kritisch mit dem Instanzen-Modell in Beziehung zu setzen, interessieren ihn vor allem die Ich-Leistungen, als deren *Basis* er die Sprache erkennt. (1968, S. 292) Denn, so seine exemplarische Begründung, wie die Kategorien Es, Ich und Überich oder Begriffe wie Unbewußtes und Widerstand erst vermittels der Sprache bzw. über eine Störung umgangssprachlicher Kommunikation erschlossen worden sind, geht es auch in der psychoanalytischen Kur um die Resymbolisierung verdrängter psychischer Inhalte, die mit der Verdrängung namenlos geworden und so dem Bewußtsein entzogen worden sind.

Mit diesem Zugriff verliert freilich die Es-Instanz, die in der Freudschen Lehre immerhin das Hauptreservoir der Triebenergie darstellt, nicht nur ihre strukturbildende Bedeutung; als gleichzeitiger Hort des Unbewußten wird das Es auch nur noch im Zusammenhang mit der Verdrängung relevant, nämlich als Inkarnation der abgewehrten Seelenanteile. Damit ist eine folgenreiche Implikation verbunden: Die Beteiligung des Es an Kommunikationsverzerrungen führt dazu, daß es als *Ganzes* "zum Abfallprodukt verfehlter Objektivität herabgesetzt wird". (Lorenzer, 1973, S.140) Unter dieser Voraussetzung läuft die Erweiterung der Ich-Möglichkeiten durch eine Erhellung vor- und unbewußter Prozesse gleichsam auf eine Austrocknung des Es als Energiequelle hinaus. Ein Rückbezug auf das hier angesiedelte Antriebspotential (das Habermas unter energetischen Gesichtspunkten durchaus in Rechnung stellt) ist so nur noch unter psycho*pathologischer*

Perspektive möglich - jedenfalls soweit dieses Potential in Handlungszusammenhänge eingebettet bleibt.

Diese Tendenz gerinnt in der weiteren, sprachtheoretisch angeleiteten Theoriebildung von Habermas zum Konstruktionsprinzip. So wird in der Diskurstheorie (1971; 1975[2]) eine erfahrungs- und handlungs*entlastete* Sprechsituation als Bedingung der Möglichkeit rationaler Verständigung (kontrafaktisch) vorausgesetzt und zugleich als 'ideale Lebensform' antizipiert.[6] Am normativen Horizont taucht ein aufgeklärtes Ich auf, das rationaler Rede im Sinne zwangloser Verständigung mächtig ist bzw. 'störungsfrei' an öffentlicher Rede teilnehmen kann. Offen bleibt (so scheint es), von welchem empirischen Interesse und welcher Erfahrung das vernünftig werdende Ich angetrieben wird und wie die qua Diskurs zugänglich gemachte Vernunft (wieder) praktisch werden kann. Diese 'Offenheit' entspricht insofern der Theorie, als diese die *allgemeinen* (universellen) Bedingungen rationaler Kommunikation ausweisen will und damit alles Empirische zu etwas Kontingentem herabsinken läßt. Wie aber, so ist zu fragen, läßt sich im Kontext dieser Konstruktion *überhaupt* eine Verknüpfung mit dem Empirisch-Motivationalen herstellen, wenn Habermas die körperlich-psychischen Antriebspotentiale nur *negativ* zu fassen vermag?
Sicherlich: Zwanglose Verständigung impliziert Gewaltfreiheit - offenbar *das* (politische) Grundmotiv Habermas'schen Denkens. Es zielt im Zusammenhang mit Mündigkeit als letztendliche Absicht kritischer Theoriebildung auf nichts Geringes. Aber in seiner Theoriebildung ist diese Antizipation mit einer nahezu vollständigen Devitalisierung verbunden.

Dieses Problem hängt mit einem anderen zusammen. Im 1. Band der 'Theorie des kommunikativen Handelns' (1981, S. 83 ff.) versucht Habermas, die in der Alltagssprache als Geltungsansprüche enthaltenen Rationalisierungspotentiale mit entsprechenden Handlungsorientierungen zu verknüpfen: Äußerungen mit dem Geltungsanspruch auf Wahrheit beziehen sich auf Tatsachen und Ereignisse der 'objektiven Welt', solche mit dem Anspruch auf Richtigkeit auf Normen der 'sozialen Welt' und der in Äußerungen enthaltene Wahrhaftigkeitsanspruch verweist auf die 'subjektive Welt' des Sprechers. Während die Tatsachen und Normen zur Außenwelt gehören und insofern als *gemeinsam* unterstellt werden, gilt die (subjektive) Innenwelt "als Gesamtheit der Erlebnisse, zu denen jeweils nur ein Individuum einen privilegierten Zugang hat." (ebd., S. 84) Trotz dieser Nicht-Gemeinsamkeit ist die 'subjektive Welt' der öffentlichen Kommunikation zugänglich, nämlich über den - das Rationalitätskriterium der Kritisierbarkeit erfüllenden - Anspruch auf Wahrhaftigkeit, der in entsprechenden Äußerungen enthalten ist.

Für unseren Zusammenhang ist wichtig, wie Habermas in dieser Konstruktion die 'subjektive Welt' und ihre Einbeziehung ins kommunikative Handeln faßt. Auch wenn man als plausibel unterstellt, daß das Individuum zur 'subjektiven

Welt' einen "privilegierten Zugang" hat, so begründet das noch nicht eine *Ausgrenzung* dieser 'Welt' als "Bereich der Nicht-Gemeinsamkeiten gegenüber der objektiven und sozialen Welt". (ebd., S. 84) Diese Unterscheidung läßt unberücksichtigt, daß auch die (subjektive) Innenwelt von anderen 'geteilt' werden kann, weil sie als Bereich *vergesellschafteter* Individualität und Privatheit immer auch Allgemeines repräsentiert. Letzteres konstatiert Habermas auch, wenn er sagt, daß z. B. Gefühle der Scham oder Schuld in einer internen Beziehung zur 'sozialen Welt' stehen. (ebd., S. 138) Das bedeutet doch, daß Innen- und Außenwelt vermittelt sind und in dieser Gestalt auch der Reflexion zugänglich sein müßten. Umso irritierender ist es, wenn Habermas im gleichen Atemzug fortfährt:

> "Aber im allgemeinen können Gefühle und Wünsche *nur* als Subjektives geäußert werden. Sie können nicht *anders* geäußert werden, nicht zur Außenwelt ... in Beziehung treten. Deshalb bemißt sich die Expression von Wünschen und Gefühlen allein am reflexiven Verhältnis des Sprechers zu seiner Innenwelt." (ebd.)

Mit dieser Schlußfolgerung zwingt Habermas das Verhältnis von subjektivem Erleben und Außenwelt unter ein Rationalitätsraster, das die Innenwelt zwar über den Geltungsanspruch 'Wahrhaftigkeit' öffentlich (=rational) kommunizierbar macht, aber mit einer Handlungsorientierung, die auf das *Individuell*-Subjektive, Private rückverweist und beschränkt bleibt. Damit läßt sich - jedenfalls vermittels von Habermas' Rationalitätskriterien - 'geteiltes' subjektives Erleben ebenso wenig fassen wie ein kommunikatives Handeln, das mit diesem Erleben verknüpft ist *und* der Außenwelt zurechenbare normative Implikationen hat. Was z.B. den Rationalitätsgehalt von 'Solidarität' ausmacht oder begründet, ist mit dem Rationalitätsspektrum der 'Theorie des kommunikativen Handelns' kaum zu entziffern.

V

Zurück zur Psychoanalyserezeption von Habermas und dem hier entwickelten Selbstreflexionskonzept. Zu fragen ist, ob dieses Konzept nicht doch Anstöße für eine Erweiterung der Modi sozialwissenschaftlicher Denk- und Handlungsorientierungen gibt. Auf eine solche Leseart zielt freilich der Vorwurf, das psychoanalytische Verfahren ließe sich nicht auf Gesellschaftliches übertragen und sei allein deshalb für die Sozialwissenschaften unbrauchbar. Diese Zurückweisung ist insofern ein wenig irritierend, als es natürlich nicht um eine schlichte 'Übertragung' der psychoanalytischen Kur 'auf Gesellschaftliches' gehen kann (also offenbar mehr zurückgewiesen wird als diese Banalität). Im übrigen: Hier scheint sich auch etwas von jener Traditionslinie Kritischer Theorie auszudrücken, die seit Ende der 30er Jahre immer schon zwischen der 'progressiven' Kulturtheorie Freuds und der 'affirmativ-konservativen' psychoanalytischen Praxis säuberlich getrennt hat.

Auch Freud hat hier eine Unterscheidung vorgenommen, aber selbstverständlich nicht als Entgegensetzung. Er empfahl die Psychoanalyse den anderen Humanwissenschaften nicht als Therapie, sondern "wegen ihres Wahrheitsgehaltes". (198O^2, S. 127) Würde das ernst genommen, bekäme die Rede von der 'Übertragung' der Psychoanalyse auf Gesellschaftliches auch unter Anwendungsgesichtspunkten einen anderen Sinn. Wenn es richtig ist, daβ - allgemein gesprochen - die lizensierten menschlichen Äuβerungs- und Verkehrsformen mehr oder weniger Kompromiβlösungen sind und damit 'verzerrte Kommunikation' zum 'normal-neurotischen', (historisch variablen) Wissens- und Verhaltensbestand gehört, dann kommt eine in kritisch-praktischer Absicht konzipierte Sozialwissenschaft ohne eine Reflexion dieser Bedingungen, die auch die ihren sind, nicht aus. Eine solche Selbstreflexion ist als intersubjektive Bewegung nicht an die Spezifik des psychoanalytischen Settings gebunden, wohl aber an die Aktivierung und Nutzung von Subjektivitätsanteilen, die hier wie dort eine innovatorisch-aufklärerische Rolle spielen können: vor allem jene Dispositionen und Fähigkeiten, die *Empathie* ausmachen. (vgl. Kohut 1975).

Ich möchte diesen Gedankengang auf dieser abstrakten Ebene nicht weiter erörtern, sondern stattdessen abschlieβend an einem kleinen, aber konkreten Beispiel wenigstens andeuten, was hier gemeint ist. Es bezieht sich auf den Bereich der Institutionsberatung und stammt von Franz Wellendorf (1979), einem Hannoveraner Kollegen.

Wellendorfs Arbeitsmethode ist die sog. Sozioanalyse. Ihr Ziel ist die *Selbstaufklärung* einer Organisation bzw. Institution (ihrer Struktur und Dynamik). Das Beispiel bezieht sich auf die Anfangsphase der Beratung einer Gesamtschule, der bei ihrem Aufbau eine wissenschaftliche Begleitung verordnet worden war. Unabhängig davon wurde vom Kollegium der Schule ein Berater hinzugezogen (Wellendorf), um Probleme und Konflikte innerhalb des Kollegiums klären zu helfen, die die Schul- und Unterrichtsarbeit mit ihren anspruchsvollen Zielen erheblich erschwerten.

In einer der ersten Zusammenkünfte machten die Lehrer schlieβlich den Vorschlag, der Berater solle die Konferenzabläufe möglichst objektiv beobachten, die Ergebnisse der Beobachtung anschlieβend den Lehrern mitteilen und mit ihnen besprechen. Im Verlauf der vorangegangenen Diskussion wurde von einigen Sprechern auch die wissenschaftliche Begleitung erwähnt, die ein ähnliches Verfahren bei der Unterrichtsbeobachtung anwandte - verbunden mit der Bemerkung, daβ hier die Diskussion der Bobachtungen sehr lebhaft gewesen sei, wenngleich man die meisten Punkte schon vorher gewuβt habe. Eigentlich wollten sich die Lehrer ja auch gegenseitig im Unterricht besuchen, aber das habe aus organisatorischen Gründen bisher noch nicht geklappt.

Diese Unterhaltung, die die Lehrer eher beiläufig führten und die scheinbar mit dem anwesenden Berater nichts zu tun hatte, sorgte natürlich für eine Irritation des Beraters: Er war vom Kollegium angefordert worden; man trug ihm ein 'objektives' Untersuchungsverfahren an, von dem einige Kollegen (unwidersprochen) meinten, es habe ihnen eigentlich nichts Neues gebracht. Die Empfindung des Beraters in dieser Situation war, daβ er gebraucht werde, gleich-zeitig aber kaltgestellt werden sollte.

Entscheidend ist nun, daβ der Sozioanalytiker diese Empfindung nicht als subjektive Störung eines allgemein gewollten Arbeitsvorhabens beiseite schob, sondern diese Störung zum Ausgangspunkt der Beratungsarbeit machte.

> "Es zeigte sich folgende Dynamik: Die Lehrer trugen dem Sozioanalytiker Rolle und Funktion eines 'objektiven Beobachters' an... Entsprechend wollten sie selbst die komplementäre Rolle des Objekts der wissenschaftlichen Beobachtung übernehmen. Auf diese Weise versuchten sie, die Funktion des Beobachters der eigenen alltäglichen Arbeit aus ihrem eigenen Kommunikations- und Interaktionszusammenhang hinaus und auf eine externe Instanz ... zu verlagern." (S.78)

Indem sie dies taten,

> "konnten sie die eigenen Wahrnehmungen, die sie selbst über ihre spannungsreichen Beziehungs- und Arbeitsprobleme hatten, neutralisieren und abwehren. Diese waren dann eben nicht 'wissenschaftlich', und als solche konnte man sie getrost beiseite schieben. Zugleich aber konnte das Kollegium die Beobachtungen des externen Beobachters ebenfalls entschärfen, indem es behauptete, sie brächten eigentlich nichts Neues. (...) Ich übernahm die mir angetragene Rolle des 'wissenschaftlichen Beobachters' nicht und reagierte damit nicht komplementär im Sinne des Beziehungs- und Interaktionsmusters, das dem Klienten vertraut war und das er in der analytischen Situation abermals manipulativ zu verwirklichen suchte."
> Die Intervention lautete: "Sie trauen ihrer eigenen Wahrnehmungsfähigkeit nicht. (...) Es begann eine umfangreiche Analyse des Problems, die das Kollegium zu sich selbst, zu seiner Arbeit, zur gesamten Schule und zu äuβeren Instanzen ... hatte." Das Kollegium begann, "die Verantwortung für die eigenen Beobachtungen (das Wie und das Was) zu übernehmen und die aus ihnen gezogenen Konsequenzen für die tägliche Arbeit und ihre Organisation zu ziehen." (S. 79 f.)

Wichtig scheint mir schlieβlich Wellendorfs allgemeine Schluβfolgerung zu sein:

> "Vielleicht ist einer der wichtigsten Gründe für die Schwierigkeiten der Sozioanalyse und allgemeiner: der angewandten Sozialwissenschaft die Angst und Unfähigkeit des Sozialwissenschaftlers, seine 'Objekte' und ihre Probleme wirklich in sich eindringen zu lassen, d.h. betroffen zu sein - ohne um seine

persönliche und professionelle Identität zu fürchten und den Kontakt vorschnell mit Hilfe der vertrauten, distanzierenden theoretischen und methodischen Mittel abzubrechen oder übermäßig kontrollierend einzuengen; ohne also sein theoretisches und methodisches Rüstzeug als Rüstung, nicht aber als Instrument zur Sensibilisierung der Wahrnehmung, zur affektiven und kognitiven Verarbeitung und zur einfühlenden Differenzierung des Kontakts zum 'Objekt' zu benutzen." (S. 81 f.)

ANMERKUNGEN

1) Grob gesagt fungierte hier die Psychoanalyse - zunächst unter dem Dach der Marx'schen Geschichtsauffassung - als empirisch orientierte Hilfswissenschaft. Sie sollte unter dem Eindruck des aufkommenden Faschismus Aufklärung bringen über das Auseinanderfallen von objektiver Klassenlage und Bewußtseinsformen. Später, nach der Trennung von Fromm Ende der 30er Jahre und vor allem unter der Federführung Adornos, gewann Freuds Kulturtheorie vorrangiges Interesse - nicht zuletzt über eine Neubewertung der Trieblehre: Unter der Perspektive universeller Verdinglichungsprozesse erscheint das Triebgeschehen als eine Art naturales, vorgesellschaftliches Widerstandsmoment. Marcuse schließlich interpretiert jene Verdinglichungstendenzen im engen Zusammenhang mit der enormen Produktivkraftentfaltung im modernen Kapitalismus, die für ihn die Unterdrückung des Eros nicht nur augenfälliger macht, sondern auch die objektiven Voraussetzungen für seine Befreiung schafft. (Vgl. z.B. Bonß 1982)

2) In der Marx'schen Geschichtsphilosophie, so Habermas, wird der Selbsterzeugungsakt der Gattung so gefaßt, daß produktive Tätigkeit (im Sinne gegenstandsbezogener Arbeit) und revolutionäre Tätigkeit als zwei Momente *desselben* Prozesses erscheinen. Die materielle Produktion setzt damit auch den Rahmen von Erkenntnis, das erzeugte Wissen nimmt die Gestalt von instrumentalem Verfügungswissen über den gesellschaftlichen Lebensprozeß als *ganzen* an. (Habermas 1968, S. 59 ff)

3) Den normativ gehaltvollen Rationalitätspotentialen sucht Habermas mit Hilfe moderner Sprachtheorien auf die Spur zu kommen. Zum Ergebnis gehört, daß die rational-normativen Gehalte kommunikativen Handelns in den alltäglichen Sprechakten zumindest als *Unterstellungen* enthalten sind: daß erfahrungs- und gegenstandsbezogene Äußerungen *wahr*, normative *richtig* und die Intentionen des Sprechers *wahrhaftig* sind. Obwohl diese (universalpragmatisch verstandenen) Geltungsansprüche unter den gegebenen gesellschaftlichen Bedingungen in der Regel kontrafaktischer Natur sind, bilden sie den *notwendigen* Hintergrund alltäglicher Verständigung. Deren empirisch angestoßene Problematisierung erzwingt eine neue , an jenen Geltungsansprüchen orientierte Konsensbildung, deren Ergebnis nur dann als wahr/richtig gelten darf, wenn es frei von inneren und äußeren Zwängen zustande gekommen ist. Die 'ideale Sprechsituation' ist damit in der Alltagskommunikation verankert (wie deformiert diese Kommunikation faktisch auch immer sein mag) und antizipiert gleichzeitig eine 'ideale', nämlich herrschaftsfreie Verständigung als 'Lebensform'. (Habermas 1971, 1975[2])

4) Eine ausführliche, die Einwände gegen Habermas aufnehmende Diskussion dieser Probleme findet sich bei T. McCarthy (1980).

5) Ausführlicher habe ich mich mit der Psychoanalyse-Rezeption von Habermas an anderer Stelle auseinandergesetzt. (Christoph 1985)

6) Diese Antizipation hat Habermas später zugunsten einer stärkeren Formalisierung der 'idealen Sprechsituation' zurückgenommen: "Noch der Ausdruck 'ideale Sprechsituation'führt, soweit er eine konkrete Gestalt des Lebens suggeriert, in die Irre. Was sich normativ auszeichnen läßt, sind notwendige , aber allgemeine Bedingungen für eine kommunikative Alltagspraxis und für ein Verfahren der diskursiven Willensbildung, welche die Beteiligten *selbst* in die Lage versetzen könnten, konkrete Möglichkeiten eines besseren und weniger gefährdeten Lebens nach *eigenen* Bedürfnissen und Einsichten aus *eigener* Initiative zu verwirklichen." Entsprechend "utopistisch ist die Verwechselung einer hochentwickelten kommunikativen Infrastruktur *möglicher* Lebensformen mit einer bestimmten, im Singular auftretenden Totalität des gelungenen Lebens." (Habermas 1985, S. 161 f.)

LITERATUR

Bonβ, W.,	1982:	Psychoanalyse als Wissenschaft und Kritik. Zur Freudrezeption der Frankfurter Schule, in: ders. u .A. Honneth: Sozialforschung als Kritik, Frankfurt/M.
Christoph, K.,	1985:	Am Anfang war das Wort. Zur Gesellschaftstheorie von Jürgen Habermas, in: Leviathan 3/85, S. 334 - 356
Freud, S.,	1962^9:	Abriβ der Psychoanalyse, Frankfurt/M.
	1980^2:	Neue Vorlesungen zur Einführung in die Psychoanalyse, Frankfurt/M.
Habermas, J.,	1968:	Erkenntnis und Interesse, Frankfurt/M.
	1971:	Vorbereitende Bemerkungen zu einer Theorie kommunikativer Kompetenz, in: ders. u. N. Luhmann: Theorie der Gesellschaft oder Sozialtechnologie?, Frankfurt/M.
	1972^2:	Theorie und Praxis, Frankfurt/M. (Neues Vorwort)
	1973^4:	Erkenntnis und Interesse, Frankfurt/M. (Neues Nachwort)
	1975^2:	Der Universalitätsanspruch der Hermeneutik in: ders. et.al.(Hg): Hermeneutik und Ideologiekritik, Frankfurt/M., S. 120 - 159
	1981:	Theorie des kommunikativen Handelns, 2 Bde., Frankfurt/M. 1985: Die Neue Unübersichtlichkeit, Frankfurt/M.
Kohut, H.,	1975:	Die Zukunft der Psychoanalyse, Frankfurt/M.
Lorenzer,A.,	1970:	Sprachzerstörung und Rekonstruktion, Frankfurt/M.
	1973^2:	Über den Gegenstand der Psychoanalyse oder Sprache und Interaktion, Frankfurt/M.

McCarthy, T., 1980: Kritik der Verständigungsverhältnisse. Zur Theorie von Jürgen Habermas, Frankfurt/M

Wellendorf, F., 1979: Sozioanalyse und Beratung pädagogischer Institutionen, in: K.H. Geißler (Hg.): Gruppendynamik für Lehrer, Reinbek, S. 67 - 82

Horst Siebert

Die Habermas-Rezeption in der Erwachsenenbildung

Um die Bedeutung Habermas' für die Erwachsenenbildung beurteilen zu können, soll die Entwicklung dieses jüngsten Zweiges unseres Bildungssystems kurz in Erinnerung gerufen werden. Angesichts der von G. Picht Mitte der 60er Jahre prognostizierten "Bildungskatastrophe"[1] wurde der "quartäre Bildungssektor" sozialpolitisch und ökonomisch aufgewertet und institutionell ausgebaut. Die öffentliche Erwachsenenbildung sollte nicht mehr nur eine allgemeine Persönlichkeitsbildung fördern, sondern einen Beitrag zur Chancengleichheit und zur Anpassung des gesellschaftlichen Qualifikationsniveaus an den Bedarf der Wirtschaft leisten. Man sprach von einer "realistischen Wende" der Erwachsenenbildung, zu der nicht nur eine Förderung der beruflichen und der abschlußbezogenen Weiterbildung, sondern auch gesetzliche Regelungen auf Landesebene, eine Professionalisierung der öffentlichen Bildungseinrichtungen sowie die Einrichtung von Lehrstühlen und Studiengängen an den wissenschaftlichen Hochschulen gehörten. Die Institutionalisierung dieses Bildungssektors wurde seit Ende der 60er Jahre von einer intensiven Theoriediskussion und von empirischen bildungssoziologischen Forschungen begleitet. Insbesondere wurde die Legitimation der Erwachsenenbildung, ihre Funktion für das soziale, politische und ökonomische System kontrovers diskutiert.

Dabei ist es nicht unwichtig, daß ein großer Teil der neu eingestellten hauptberuflichen MitarbeiterInnen an Volkshochschulen, gewerkschaftlichen Bildungseinrichtungen und Hochschulen junge Soziologen und Politologen waren, die von der Studentenbewegung geprägt waren und der Kritischen Theorie der Frankfurter Schule nahestanden. Überspitzt formuliert: viele von denen, die ihre berufliche Stellung der gesellschaftlichen Funktionalisierung der Erwachsenenbildung verdankten, kritisierten diesen Funktionswandel als affirmative Anpassung an kapitalistische Systemzwänge. Sie betonten demgegenüber den historischen Auftrag der Erwachsenen- insbesondere der Arbeiterbildung zur kollektiven Emanzipation und zur antikapitalistischen Systemveränderung.

In dieser Diskussion wurde Jürgen Habermas zur theoretischen Autorität. Habermas' Themen beeinflußten nicht nur die Legitimationsdebatte, sondern auch die Didaktikdiskussion in der Erwachsenenbildung. Seine Studien zum Begriff der Öffentlichkeit warfen die Frage nach den Möglichkeiten einer kritischen "Gegenöffentlichkeit" durch außerschulische Bildungsarbeit auf. Seine Kritik am Positivismus, am Kritischen Rationalismus und an der funktionalistischen Systemtheorie wurde weitgehend als wissenschaftstheoretische Grundlage erwachsenenpädagogischen Handelns akzeptiert. Habermas' Analyse der Legitimationskrise des Spätkapitalismus prägte die Diskussion über "Anpassung und Widerstand"[2] der Erwachsenenbildung. Seit Ende der 70er Jahre hat Habermas' Diskurstheorie, aber auch die umfassende 'Theorie des kommunikativen Handelns' (1981) die didaktische Diskussion befruchtet. Insbesondere das Verhältnis von System und Lebenswelt und das Konzept des Diskurses als einer herrschaftsfreien Verständigungssituation dienten als Orientierungshilfen. "Lebensweltorientierung" wurde zu einer didaktischen Schlüsselkategorie, wobei jedoch nicht nur auf Habermas, sondern auch auf Husserls Phänomenologie, auf den symbolischen Interaktionismus und auf die Wissenssoziologie von A. Schütz, P. Berger und T. Luckmann zurückgegriffen wurde.

Rückblickend drängt sich allerdings die These auf, die ich hier nicht im einzelnen belegen kann, daß Habermas mehr zitiert als gründlich gelesen wurde. Seine einprägsamen Formeln - z. B. "Kolonialisierung der Lebenswelt", "herrschaftsfreier Diskurs", "neue Unübersichtlichkeit" - wurden selten aus pädagogischer Sicht argumentativ entfaltet und empirisch belegt, sondern eher als Versatzstücke mit Signalfunktion proklamiert und in ihrer Komplexität oft "eingeebnet". So wurde der Zusammenhang von System und Lebenwelt eher dualistisch als dialektisch begriffen. Diskurs wurde häufig mit Diskussion gleichgesetzt und von der "neuen Unübersichtlichkeit" wurde eher umgangssprachlich gesprochen.

So finden sich in der erwachsenenpädagogischen Literatur relativ wenige Beispiele für eine erziehungswissenschaftliche Reinterpretation und Weiterentwicklung der Habermasschen Philosophie und Gesellschaftstheorie.

Wissenssoziologische Aspekte

Ein zentrales Projekt der gesellschaftskritischen, reformorientierten Erwachsenenbildung in den 70er Jahren war die Integration allgemeiner, beruflicher und politischer Bildung und damit die Überwindung der bisherigen schichtspezifischen Trennung von allgemeiner Menschenbildung und instrumenteller Anpassungsqualifizierung. Die Heidelberger "Arbeitsgruppe für empirische Bildungsforschung" versuchte, diese Integration nicht nur didaktisch zu konzipieren, sondern auch demokratietheoretisch zu begründen.[3] Dabei orientierte sich die Arbeitsgruppe an Habermas' Analyse des gesellschaftlichen Strukturwandels. Habermas unterschied in seiner Auseinandersetzung mit Luhmann drei Wissensdimensionen, nämlich a) ein "technisch verwertbares Wissen", das der Entfaltung der Produktivkräfte und dem wissenschaftlich-technischen Fortschritt dient, b) ein "funktionalistisches Wissen" zur Steuerung des sozialen Handelns und c) ein "praktisch folgenreiches Wissen" zur emanzipatorischen Aufklärung über herrschaftslegitimierende Ideologien.[4] Bildungsarbeit fördert dann einen demokratischen Strukturwandel, wenn diese drei Wissenbereiche integriert und gleichzeitig vermittelt werden. Die gegenwärtige "Arbeitsteilung" einer instrumentellen Qualifizierung für Facharbeiter, einer sozialtechnologischen "Menschenführung" für das mittlere Management und einer normativen Orientierung der Führungskräfte ist demgegenüber herrschaftsstabilisierend und reformfeindlich.

An dieser Stelle wird eine Verzahnung von Gesellschaftsanalyse und didaktischer Planung erkennbar. Leider ist dieses Integrationskonzept empirisch - z.B. im Blick auf Lernmotive und Lernbarrieren - nicht intensiv erforscht worden, und auch entsprechende Modellversuche in der Bildungspraxis sind Ausnahmen geblieben.

Zur Legitimation der Erwachsenenbildung

Zur Frage nach der Legitimation und den Funktionen der öffentlichen Erwachsenenbildung in einer spätkapitalistischen Gesellschaft beziehen sich vor allem zwei Veröffentlichungen auf Habermas' "Legitimationsprobleme im Spätkapitalismus".[5] Volker Lühr und Alexander Schuller stellen die These auf, daβ Erwachsenenbildung über ein Defizit an "Selbstlegitimation" verfügt und auf einen "Legitimationsimport" angewiesen ist.[6] Diese Fremdlegitimation resultiert aus der von Habermas diagnostizierten Legitimitätskrise unseres Gesellschaftssystems. Für Habermas muβ die Legalität dieses Systems durch eine diskursive Begründung des Geltungsanspruchs der Rechts- und Handlungsnormen fundiert werden. Habermas kommt zu dem Ergebnis: "Das angemessene Modell ist vielmehr die Kommunikationsgemeinschaft der Betroffenen, die als Beteiligte an einem praktischen Diskurs den Geltungsanspruch von Normen prüfen und, sofern sie ihn mit Gründen akzeptieren, zu der Überzeugung gelangen, daβ unter den gegebenen Umständen die vorgeschlagenen 'Normen' richtig sind."[7] Die Erwachsenenbildung - so Lühr und Schuller - kann ein öffentlicher Lernort sein, wo eine solche kommunikative Wahrheitsfindung relativ sanktionsfrei möglich ist. Aber sie betonen nicht die Chancen einer sozialstrukturellen Veränderung durch kritische Diskurse, sondern die affirmativen Leistungen der Bildungsarbeit. Die gesellschaftliche Funktion der Erwachsenenbildung besteht in ihrem "Sinnangebot". "So hat ... die Erwachsenenbildung ihre Funktion vor allem darin, die als komplex und widersprüchlich erlebte Gesellschaft als einheitlich und sinnvoll interpretierbar zu machen... Die Erwachsenenbildung wird damit zu jener Institution, die das Weltgefüge kitten, die gesellschaftlichen Widersprüche versöhnen, die Komplexität reduzieren soll".[8] Der Vorwurf der Autoren, Erwachsenenbildung leiste damit eine konservative Systemstabilisierung, ist unüberhörbar.

Dieser affirmativen Konsequenz widerspricht Willi Strzelewicz, ein inzwischen verstorbener Soziologe der Universität Hannover, der sich groβe Verdienste um eine sozialhistorische und empirische Erforschung der Erwachsenenbildung und ihre bildungspolitische Anerkennung erworben hat. Strzelewicz steht in mancherlei Hinsicht der Frankfurter Schule nahe, kritisiert aber vor allem den "Marxisten Habermas" - ob zu Recht, soll hier nicht überprüft werden. Strzelewicz' ausführliche Kritik der Habermasschen Gesellschaftstheorie läβt sich auf folgende Kernpunkte reduzieren:[9]

a) Es ist nicht gerechtfertigt, unsere parlamentarisch-demokratische Staatsform als "System" zu definieren, das ausschlieβlich von dem Diktat der Kapitalinteressen bestimmt wird. Eine Überbetonung der "Systemzwänge" verdeckt die Chancen einer humanen, demokratischen Zukunftsgestaltung.

b) Die Legitimität unserer Staatsorganisation setzt keinesfalls einen "kommunikativen Diskurs aller Freien und Gleichen" zur Begründung praktischer Normen voraus. Unsere parlamentarische Staatsform ist durch freie Wahlen, durch öffentliche Kontrollen der Macht, durch die Trennung von Legislative, Exekutive und Rechtssprechung im Interesse der Menschenrechte nicht nur formaldemokratisch, sondern substantiell legitimiert.

c) Wenn Habermas die rechtsstaatliche Demokratie als formal und illegitim bewertet, wird auch die öffentliche Erwachsenenbildung in den Dienst der "Loyalitäts- und Scheinlegitimitätsbeschaffung" gestellt. Sie ist dann ebenso illegitim wie das Gesamtsystem. Damit wird die Bildungstradition der Aufklärung verabschiedet und eine progressive Bildungsarbeit negiert.

d) Demgegenüber beschreibt Strzelewicz unsere Gesellschaft als "Interdependenzfelder" mit vielfältigen "Interferenzordnungen". "Die Interpretation der sozialen Dimension als zwischenindividuelle Interdependenz verhindert die Zwangsvorstellung von einem alles, auch die Individuen erdrückenden und vernichtenden 'Systemzwang'." [10] In einer solchen Gesellschaft hat Erwachsenenbildung die Aufgabe und die Möglichkeit, Lerngelegenheiten für ein aufgeklärtes Handeln in der Bürokratie, in der Arbeitswelt und im auβerberuflichen Alltag zu schaffen. Erwachsenenbildung - und hier greift Strzelewicz eine Metapher von W. Mader auf - ist weder "Brandstifter" noch "Feuerwehr" des Systems, sondern sie ist der Humanitätsidee verpflichtet und ermöglicht eine Herrschaftskontrolle.

Es geht mir hier nicht um die Frage, ob Habermas angemessen rezipiert und interpretiert wird, sondern ich versuche zu zeigen, wie Habermas' Gesellschaftsanalyse aus der Sicht der Erwachsenenbildung bewertet wird.

Perspektiven einer neuen Allgemeinbildung

Auf der Grundlage der Kritik an der Kolonialisierung der Lebenswelt durch das politische und ökonomische System entwirft Wilke Thomssen einen Orientierungsrahmen für eine "neue Allgemeinbildung". Eine zeitgemäße Allgemeinbildung kann drei Funktionen erfüllen:

1. Sie kann den *Widerstand* der Subjekte gegen Verdinglichungen, Gewalt und Zerstörungen anregen und unterstützen. "Widerstand heißt zunächst nicht Verweigerung oder 'Aussteigen', sondern Sich-Einmischen, Sich-Abarbeiten am Kritisieren ... Ein an der Lebenswelt orientiertes Denken und Handeln, das sich allein auf das Moment der Abwehr von systematischen Verdinglichungen verläßt, büßt seine Kraft ein... Es muß Lebenswelt auch aus dieser selbst heraus zurückgewinnen und neu entfalten."[11]

2. Zur Allgemeinbildung gehören die Bereitschaft und Fähigkeit zum Diskurs mit dem Ziel einer "*Selbstaufklärung der Lebenswelt*" und eines Abbaus der "Herrschaft von Menschen über Menschen". Dabei betont Thomssen: "Kognitive Aufklärung würde zu kurz greifen, würde sie die psychoanalytische Erkenntnis sich nicht zunutze machen." [12]

3. Thomssen weist darauf hin, daß die Kritische Theorie zwar an dem "Entwurf der Moderne" festhält, aber zugleich viele Motive thematisiert, mit denen sich die neuen sozialen und kulturellen Bewegungen identifizieren. Zur Allgemeinbildung gehört deshalb drittens die Phantasie und *Entfaltung neuer Lebensformen* vor allem durch ästhetische Bildung, zumal die Arbeit - so Thomssen und Habermas - "keine politisch-kulturelle Identität stiften" kann.[13]

Ähnlich wie W. Thomssen hat O. Negt auf der Grundlage einer kritischen Gesellschaftsanalyse "Schlüsselqualifikationen" für eine neue Allgemeinbildung entwickelt, nämlich den "Umgang mit bedrohter und gebrochener Identität", eine neue Arbeitskompetenz zur "Alternativproduktion", eine "ökologische Kompetenz" und eine "geschichtliche Kompetenz".[14]

Bildung als Verständigungsprozeß

Habermas entwickelt einen kommunikativen Wahrheitsbegriff und verzichtet auf ontologische und metaphysische Setzungen. Der Diskurs ist ein herrschaftsfreier Dialog, in dem sich idealiter das bessere Argument zwanglos durchsetzt und deshalb - bis auf weiteres - normative Orientierungen mit einem allgemeinen Geltungsanspruch ermöglicht. Habermas' Diskursbegriff verweist unmittelbar auf den für die Erwachsenenbildung zentralen Bildungsbegriff. Auch Bildung kann nicht mehr ontologisch oder dogmatisch definiert werden. Bildung läßt sich weder material durch einen Kanon verbindlicher Kulturgüter noch formal durch einen Katalog kognitiver Kompetenzen zureichend beschreiben. Wahrheitsfindung und Bildung - die die Bereitschaft zum vernünftigen, verantwortlichen Handeln einschließt - sind als kommunikativer Prozeß der Verständigung denkbar und deshalb wesentlich auf Sprache angewiesen. Erhard Schlutz, dessen Buchtitel

"Sprache, Bildung und Verständigung" auf diese Programmatik verweist, hat Möglichkeiten einer bildungspraktischen Verwirklichung der Habermasschen Diskursidee aufgezeigt. Auf der Grundlage von Protokollen aus der Praxis der Erwachsenenbildung erörtert er gelungene und mißlingende Verständigungsprozesse, wobei er auf die Beiträge der Soziolinguistik und der Kommunikationstheorie zurückgreift. Bildung wird - in Anlehnung an Habermas - wie folgt definiert: "Angesichts unserer Lage müßte Bildung heute heißen, sich mit seiner Bezugsgruppe darüber auseinanderzusetzen, wie man heute und morgen leben, insbesondere überleben und gerecht leben will, und sich wechselseitig auf Konsequenzen zu verpflichten, die den Erwerb von Kenntnissen und Fähigkeiten und ein entsprechendes Handeln einschließen." [15]

Eine Gefahr dieser Bildungsdefinition als offener Verständigungsprozeß ist m.E. seine Inhaltsneutralität. Man kann sich über alles Mögliche verständigen. Die Frage ist jedoch, über welche Themen und Gegenstände vor allem eine Aufklärung nötig ist und ob die Auswahl der nicht nur subjektiv interessanten, sondern auch objektiv relevanten Themen allein dem Gruppenprozeß überlassen bleiben sollte.

Dennoch: Schlutz' Buch ist ein überzeugender Versuch, Habermas' Theorie des kommunikativen Handelns für die praktische Bildungsarbeit weiterzuentwickeln.

Auch Detlef Horster macht das Diskursmodell für die Methodik der Erwachsenenbildung fruchtbar. Er entwickelt ein Dreistufenmodell für sokratische Gespräche, das sich an den verschiedenen Diskursebenen orientiert. In der ersten Stufe wurden kategoriale Wesensbestimmungen z.B. zu Begriffen wie Glück und Freiheit erarbeitet. Auf der zweiten Stufe werden in einem Metagespräch die eigenen Erkenntnisse reflektiert. In der dritten Phase werden die gesellschaftlichen Sozialisationsbedingungen der Erkenntnisse und Werthaltungen erörtert. Die Frage "'Wie habe ich Glück gelernt?' ist die Ausgangsfrage für ein sokratisches Gespräch dritter Stufe. Hier wären wir auf der Ebene des Sprachparadigmas oder auf der Diskursebene 'Substantielle Sprachkritik' des Habermasschen Schemas." 16

Die vergessene Emotionalität

Ich bin mit Habermas und Adorno der Meinung, daß die Erwachsenenbildung sich nicht von ihrer Aufklärungstradition verabschieden sollte, daß die Befähigung zum vernünftigen Denken vorrangige Aufgabe der Bildungsarbeit ist und daß der Gefahr einer instrumentellen Zweckrationalität - wie sie dem aktuellen Konzept der "Qualifizierungsoffensive" zugrunde liegt - gegengesteuert werden sollte.

Insofern ist der herrschaftsfreie Diskurs eine bildungstheoretische Schlüsselkategorie und eine bildungspraktische Leitidee. Die sozialstrukturellen und sozialpsychologischen Hemmnisse für eine solche diskursive Verständigung hat Habermas hinreichend dargestellt, nicht aber die psychoanalytischen Implikationen (vgl. den Beitrag von K. Christoph) und die emotionalen Dimensionen solcher Verständigungsprozesse. Kritisierbar ist also eine kognitivistische "Schlagseite" der Diskurstheorie. Dabei geht es um zweierlei:

1. Die Emotionspsychologie hat die vielfältigen, auch neurophysiologisch erklärbaren Verschränkungen und Interdependenzen von Kognition und Emotion aufgezeigt. "Diese Integration limbischer Strukturen in jede zentralnervöse Informationsverarbeitung zeigt sich auch darin, daβ die semantischen Gedächtnisstrukturen des Menschen bis hin zu den abstraktesten Begriffsbildungen stets mit bestimmten emotionalen Gehalten versehen sind."[17] Die Emotionalität ist also nicht nur motivationspsychologisch für die Bereitschaft, sich auf einen Diskurs oder die Beschäftigung mit einem Thema einzulassen, relevant, sondern sie durchdringt alle Phasen der Informationsaufnahme und -verarbeitung. Der "zwanglose Zwang des besseren Arguments" resultiert also keineswegs nur aus rationaler Einsicht, sondern erfordert auch entsprechende Emotionen. Vor allem die Bewertung von Ereignissen und Tatbeständen ist emotionsabhängig. Zwar können und sollten solche Gefühle metakommunikativ reflektiert werden, aber die Emotionalität ist mehr als lediglich ein "Störfaktor" für die wünschenswerte "reine" Vernunft.

2. Zweifellos erfordern die tiefgreifenden Krisen unseres gesellschaftlichen Systems und die existenziellen Zukunftsprobleme mehr Vernunft denn je. Dennoch: Umweltzerstörungen, soziale Ungerechtigkeiten, faschistische Tendenzen und die Ausbeutung der "Dritten Welt" haben seit der Aufklärung und trotz eines gestiegenen Schulbildungsniveaus nicht ab-, sondern zugenommen. Zwar ist unvernünftiges Handeln kein Gegenargument gegen die Idee der Vernunft. Doch bin ich seit Tschernobyl unsicher geworden, ob wir allein der menschlichen Vernunft eine Lösung der Probleme zutrauen können, oder ob es nicht auch unsere Gefühle sind, die uns zur Umkehr veranlassen. Dabei denke ich nicht nur an Gefühle der Angst vor dem "Overkill" und dem ökologischen Bankrott, sondern auch an "positive" Emotionen wie Naturliebe, Begeisterung für ein Thema, menschliche Sympathie und Ehrfurcht. Allerdings wäre es verhängnisvoll, kognitive Bildungsarbeit durch eine "Betroffenheitspädagogik" zu ersetzen. Nicht eine dualistische, sondern eine integrative pädagogische Konzeption ist gefordert. Zu fragen ist also, ob und wie die Emotionalität in das Habermassche Diskursmodell einbezogen werden kann. Auch Emotionen sind diskursfähig, sie sind begründet und begründbar. Auβerdem sind Emotionen nicht rein individualistische Empfindungen, sondern sie "stiften" Solidarität, Hilfe und Kooperation und können somit als Bestandteil des kommunikativen Handelns begriffen werden.

Ich komme zum Schluß: J. Habermas versteht sich nicht als Pädagoge, und er hat sich m.W. nie expressis verbis zur Erwachsenenbildung geäußert. Dennoch enthalten seine gesellschafts- und erkenntnistheoretischen Schriften eine Fülle erwachsenenpädagogischer Implikationen und Denkanstöße. Daß Theorie und Praxis der Erwachsenenbildung auf soziologische, philosophische und linguistische Grundlagen nicht verzichten können, ist unstrittig. Ungeklärt ist dagegen die Frage, ob und wie aus diesen Bezugswissenschaften Orientierungen für pädagogisches Handeln systematisch abgeleitet werden können. Der Vorwurf, daß die Kritische Theorie von den "Erwachsenenbildnern" punktuell und willkürlilch als "Datensteinbruch" mißbraucht wird, ist nicht völlig von der Hand zu weisen. Andererseits wertet auch Habermas "seine" Nachbarwissenschaften selektiv aus und interpretiert sie nicht selten eigenwillig um.[18] Dennoch: die Schnittmengen und Perspektivverschränkungen zwischen der Habermasschen Gesellschaftsanalyse und einer handlungsorientierten Erwachsenenbildungstheorie müssen noch präzisiert werden. Selbstverständlich kann Habermas nicht von allen "Richtungen" der Erwachsenenbildung vereinnahmt werden, sondern nur von denjenigen PädagogInnen, die sich der Tradition der Aufklärung und dem Entwurf einer demokratischen, solidarischen Gesellschaft verpflichtet fühlen und die an der anthropologischen Prämisse eines prinzipiell vernünftigen, mündigen menschlichen Handelns festhalten.

Die meisten PädagogInnen, die eine Lebensweltorientierung der Erwachsenenbildung einklagen und sich dabei auf Habermas berufen, entkoppeln den Zusammenhang von System und Lebenswelt und konzentrieren sich auf eine Reflexion und Bereicherung des Alltagshandelns. Man kann aber auch - und ich hoffe: mit Zustimmung Habermas' - folgern, daß Erwachsenenbildung die TeilnehmerInnen zur diskursiven, argumentativen Einmischung in die verschiedenen Sphären des Systems - insbesondere in den "Grenzkonflikten" - zu ermutigen und zu befähigen hat. "Vielmehr müssen Impulse aus der Lebenswelt in die Selbststeuerung der Funktionssysteme einfließen können... Die sozialintegrative Gewalt der Solidarität müßte sich gegen die systemintegrativen Steuerungsmedien Geld und Macht behaupten können."[19]

ANMERKUNGEN

1 G. Picht: Die deutsche Bildungskatastrophe. München 1965

2 Deutscher Ausschuß für das Erziehungs- und Bildungswesen: Zur Situation und Aufgabe der deutschen Erwachsenenbildung. Suttgart 1960

3 B. Dieckmann u. a.: Gesellschaftsanalyse und Weiterbildungsziele. Braunschweig 1973, S. 46 ff.

4 J. Habermas: Theorie der Gesellschaft oder Sozialtechnologie? Frankfurt 1973

5 J. Habermas: Legitimationsprobleme im Spätkapitalismus. Frankfurt 1973

6 V. Lühr, A. Schuller: Legitimation und Sinn. Braunschweig 1977, S. 227
7 J. Habermas: Legitimationsprobleme..., a.a.O., S. 144
8 Lühr, Schuller, a.a.O., S. 125
9 W. Strzelewicz: Zur sozialhistorischen Bedeutung der Erwachsenenbildung. In: Bericht der Kommission Erwachsenenbildung der Deutschen Gesellschaft für Erziehungswissenschaft. Hrsg.: E. Schlutz, H. Siebert, Hannover 1983, S. 10 ff.
10 Ebda., S. 24
11 W. Thomssen: Allgemeine Bildung zwischen Abwehr systematischer Verdinglichung und Entfaltung neuer Lebensformen. In: Zeitschrift für Pädagogik. 21. Beiheft. Weinheim 1987, S.155 f.
12 Ebda., S. 157
13 Ebda., S. 159
14 O. Negt zit. in: G. Michelsen, H. Siebert: Ökologie lernen. Frankfurt 1985, S. 169
15 E. Schlutz: Sprache, Bildung und Verständigung. Bad Heilbrunn 1984, S 16 f.
16 D. Horster: Sokratische Gespräche in der Erwachsenenbildung. In: D. Krohn u.a.: Das sokratische Gespräch. Hamburg 1989, S. 164
17 J.J. Koch: Emotionen und Kognitionen. In: Arbeitshilfen für die Erwachsenenbildung. Hrsg.: Pädagogische Arbeitsstelle für Erwachsenenbildung in Baden-Württemberg, Sammelheft Stuttgart 1989, S. 64
18 D. Horster: Habermas zur Einführung, Hannover 1988, S. 119 f.
19 J. Habermas: Der philosophische Diskurs in der Moderne. Frankfurt 1988, S. 422

Gert Schäfer

Der 'Stachel' Jürgen Habermas

Habermas ist vielen (weil Nietzsche en vogue ist: "Allzuvielen") ein imposanter oder ärgerlicher Stein des Anstoßes, nicht lediglich wegen seiner politischen Eingriffe. Er paßt schlecht in die liebgewonnenen Hauptströme sozialwissenschaftlicher Denktraditionen im weitesten Sinn. Sein nun schon Jahrzehnte dauernder Versuch, konkurrierende Theorien und Interpretationen (sehen wir von "verhaltenswissenschaftlichen" Ansätzen ab) unter Gesichtspunkten der Kohärenz seinem eigenen Werk kritisch einzuverleiben, ist auch eine Provokation. Er ist immer schon da und läßt manches am Weg zurück.

Bei aller Kontinuität und sich durchhaltenden Grundmotiven der Gedankenbewegung ist sein gelegentlich als 'Supertheorie' erscheinendes Werk das Produkt eines nach allen Vergleichsmaßstäben raschen und umfassenden Entwicklungsprozesses. Während viele sich noch mit früheren Ansätzen und Fassungen abmühen - teilweise zu Recht, denn ein für alle Mal abgetan ist ja so gut wie nichts - hat J. Habermas selbst schon neue Wege betreten, neue Bereiche erschlossen, Älteres korrigiert, Undeutliches präzisiert, anderes verworfen. Und immer im Wettlauf mit der Zeit.

Allzu häufig, denke ich, schießen seine Kritiker auch an ihrer Zielscheibe vorbei. Sie treffen nur den einen oder anderen äußeren Ring oder pulvern *ihre* Salven in die Luft. Wieder etwas anderes sind die mehr oder weniger aparten Schmutzkübel, die regelmäßig über Habermas ausgeschüttet werden, ein eigenes Thema, meist aus den unerschöpflichen Niederungen des homo academicus ostentiationis causa (beneidenswert, wer ganz frei davon).

Die folgenden Bemerkungen sollen an das Zentrum von Habermas' Gedankenentwicklung erinnern, an seinen Versuch, eine kritische Gesellschaftstheorie aus der Intersubjektivität sprachlicher Verständigung zu begründen (siehe hierzu in besonderer Prägnanz und Knappheit seine "Entgegnung" auf Kritiker, 1986). Habermas weiß natürlich (und sagt es), daß Gesellschaft sich nicht auf Verständigungsprozesse oder Sprache reduzieren läßt. Die Theorie des kommunikativen Handelns aber ist im Kern dieser im vorletzten Satz genannte Versuch. Zugleich sind die intersubjektivitätstheoretischen Grundannahmen eine Fundamentalkritik subjektphilosophischer Denkfiguren, sei es in ihrer "idealistischen" Ursprungsgestalt, sei es in ihrer "materialistischen" Umstülpung. Nach früheren Arbeiten wurde dies besonders in "Der philosophische Diskurs der Moderne" entfaltet.

Trotz Hannah Arendt können auch die politischen Implikationen dieser Fundamentalkritik von Habermas zum ersten Mal systematisch und konsequent entwickelt werden. Wenn seine Beweisführung in diesem Nervpunkt stimmt (ich zweifle nicht daran), wissen wir, warum auch die - sagen wir - libertären Strömungen des "Marxismus", trotz anderer Intentionen ["freie Assoziation gleicher Produzenten" als Basis einer "Assoziation, worin die freie Entwicklung eines (und einer) jeden die Bedingung der freien Entwicklung aller ist", Marx-Engels Werke 4, S.482], von den Grundbegriffen der Gesellschaftstheorie her in die Irre geführt wurden.

Diese Einsicht schmerzt. Aber trifft es nicht zu, daβ "die Logik des sich selbst begreifenden Subjekts... den Institutionalismus eines starken Staates" (einschlieβlich einer "demokratischen Diktatur des Proletariats", um die alte Formel zu nehmen) erzwingt, während die andersartige "höherstufige Intersubjektivität der ungezwungenen Willensbildung in einer unter Kooperationszwängen stehenden Kommunikationsgemeinschaft" allein den Weg zu einer "demokratischen Selbstorganisation der Gesellschaft" eröffnen kann (Habermas,1985, S.54)? Nicht aus den grundbegrifflichen Zwängen der Subjektphilosophie, nicht aus der 'dialektischen' Logik von Vergegenständlichungs- und Entgegenständlichungsprozessen, nicht aus dem von Hannah Arendt kritisierten Herstellungsmodell schöpferischer Tätigkeit (das ist die "zweckmäβige Tätigkeit" von Karl Marx, wo der schlechteste menschliche Baumeister den intellektuellen Vorzug vor der besten Biene erhält, weil er nach dem Entwurf seines Kopfes... usw.; siehe Marx, Das Kapital, 1. Band, MEW 23, bes. S. 193; vgl. Arendt, 1960, bes. S. 348), ist endlich auch die "unbestimmte Ungeheuerlichkeit" (Marx) umwälzender Praxis und das Ergreifen von Initiativen durch Handelnde zu verstehen, die "alle gegebenen Bestimmungen transzendieren und einen neuen Anfang" machen (Habermas, 1985, S. 381), jener "Abgrund der Freiheit und der novus ordo saeclorum", an die Marx, Arendt (1979, S. 185ff.) und Habermas (1984b,S. 405f.) erinnern. An die Stelle der bisher gesuchten Selbstbeziehung eines tätig-erkennenden Subjekts (eines seiner selbst und seiner Tätigkeit bewuβten Individuums, sodann der höherstufigen "Subjekte" einer Gruppe, Klasse, Gesellschaft...) tritt das Ziel universaler Verständigung einer unter Handlungs- und Kooperationszwängen stehenden Gruppe, Klasse, Gesellschaft... Die politischen Implikationen und Konsequenzen dieses 'Perspektivenwechsels' vom "Produktionsparadigma" zum kommunikativen Handeln sind freilich noch weiter zu entfalten.

Universale Verständigung sei ein der menschlichen Sprache selbst, jedenfalls ihrem verständigungsorientierten Gebrauch, innewohnendes Telos, kommunikatives Handeln diejenige Form sozialer Interaktion, "in der die Handlungspläne verschiedener Aktoren durch den Austausch von kommunikativen Akten, und zwar durch eine verständigungsorientierte Benutzung der Sprache (oder entsprechender extraverbaler Äuβerungen) koordiniert werden" (Habermas, 1984a, S. 499).

Habermas weiβ (und sagt es), daβ die Theorie des kommunikativen Handelns weder das Ganze von Mensch, Geschichte und Gesellschaft, noch eine "reife

Theorie" ist, "sondern bestenfalls ein theoretischer Ansatz..., der eine auf ein nachmetaphysisches Selbstverständnis verpflichtete Philosophie in sozialwissenschaftliche Kooperationen einbindet" (1986, S. 327). Aber "aus der Analyse notwendiger Bedingungen von Verständigung überhaupt läßt sich wenigstens die Idee einer unversehrten Intersubjektivität entwickeln, die eine zwanglose Verständigung der Individuen im Umgang miteinander ebenso ermöglichen würde wie die Identität eines sich zwanglos mit sich selbst verständigenden Individuums. Unversehrte Intersubjektivität ist der Vorschein von symmetrischen Verhältnissen freier reziproker Anerkennung" (1988, S. 185f.). Verfehlen nicht alle, die sich auf dieses Zentrum seiner Beweisführung nicht einlassen, den Kern des Denkens von J. Habermas?

Er ist ja offen genug: "Ich hätte die formalpragmatische Nachkonstruktion des vernünftigen Potentials der Rede gar nicht in Angriff genommen, wenn ich nicht die Erwartung hegte, auf diesem Wege einen Begriff der kommunikativen Vernunft aus dem normativen Gehalt allgemeiner und unvermeidlicher Präsuppositionen der *nicht hintergehbaren* Praxis alltäglicher Verständigung zu gewinnen. Es geht nicht um diese oder jene Präferenzen, nicht um 'unsere' oder 'ihre' Vorstellungen vom rationalen Leben"; damit auch nicht um eine Wertbeziehung oder gar um ein praktisches Werturteil im Sinne Max Webers. "Es geht um die Rekonstruktion einer Stimme der Vernunft, die sprechen zu lassen wir in der kommunikativen Alltagspraxis nicht umhin können, ob wir es wollen oder nicht. Vielleicht habe ich durch Definitionen erschlichen, was ich durch Rekonstruktionen gefunden zu haben meine - jedenfalls ist es dieser Anspruch, gegen den sich die Kritik richten müßte" (1986, S. 368). Ein, mit Habermas eigenem bevorzugtem Wort, starker Anspruch, der sich zugleich unverstellt der Kritik darbietet. Bitte, wo sind die triftigen Gegenproben?

Nicht nur die beabsichtigte normative Begründung kritischer Theorie, sondern auch das vorgeschlagene zweistufige Konzept von Gesellschaft als System und Lebenswelt (vgl. Habermas, 1981a) hängt an dieser Überzeugung, und mit ihnen die "Begründung eines *methodischen* Primats der Lebensweltanalyse" (1986, S. 382). Lebensweltanalyse im Horizont der Struktur verständigungsorientierten Sprachgebrauchs; denn Habermas weiß (und sagt es), daß die konkreten Lebenswelten "keineswegs das unschuldige Bild 'machtfreier Kommunikationssphären' bieten" ('Macht' hier nicht im Sinne kommunikativer Machtbildung verstanden, vgl. Habermas, 1984a, S. 548), und die "Präsuppositionen der Verständigungsorientierung nur unter den unwahrscheinlichen Umständen nicht-repressiver Lebensformen vorbehaltlos, d.h. ohne Täuschung und Selbsttäuschung, erfüllt werden. Sonst vollzieht sich die soziale Integration über gewaltsublimierende Herrschaftsnormen und eine sprachliche Konsensbildung, die die Bedingungen latent strategischen Handelns erfüllt. Insoweit besteht auch auf Seiten der sozialen Integration keine apriori Zuordnung zu einem bestimmten Handlungstyp (1986, S. 383 - die Korrektur früherer Fassungen des Problems).

Wenn wir aber Täuschungen, Selbsttäuschungen, nichtkommunikative Formen der Machtbildung, Gewalt usw. kritisieren - d.h. nicht nur 'emotional' (vielleicht das falsche Wort) verwerfen - nehmen wir das vernünftige Potential der Rede und einen Mechanismus (wieder ein schlechtes Wort) der Handlungskoordinierung durch Einverständnis in Anspruch, ob wir uns das bewußt machen oder nicht - die starke Behauptung. Die soziologische Analyse untersucht mit Hilfe methodischer und analytischer Unterscheidungen, die ein fundamentum in re besitzen, die jeweiligen Fusionen verzerrter und unverzerrter Kommunikation. Das psychisch Unbewußte der handelnden und sprechenden Menschen, das "innere Ausland" (Freud), die "triebstrukturellen" Dynamiken vergesellschafteter Menschen stehen - um in den üblichen Bildern zu bleiben - unterhalb oder außerhalb oder inmitten jener Verständigungsorientierung, die sich aus dem vernünftigen Potential der Rede ergibt - das hängt von den jeweiligen Lebensformen und Personen ab, und bedarf der eigenen Untersuchung. In seiner Theorie des kommunikativen Handelns geht es Habermas aber nicht um diese psychischen Dynamiken (ein eigenes Feld), sondern um die 'logische' Struktur rationaler Verständigung und Argumentation. Kognitivismus? Meinetwegen, seinetwegen (vgl. etwa 1981a, Band 1, S. 40). Tautologisch formuliert: Habermas mißt Verständigungen und Argumentationen in der von ihm analysierten Form kommunikative Rationalität zu, und *in diesem Zusammenhang* interessiert ihn die Psychodynamik nicht. Ja, er widerspricht dem "weitverbreiteten Glauben, daß alles, was die menschliche Kultur an universalen Zügen aufweist, eher auf die Natur des Menschen zurückgehe als auf die rationale Struktur der menschlichen Sprache, des Erkennens und Handelns, d.h. der Kultur selbst" (1983, S. 131).

Auch denke ich, daß Tragweite und Triftigkeit seiner Beweisführung nicht dadurch bestätigt oder widerlegt werden können, ob er Freuds (verschiedene) Deutungen 'richtig' oder 'falsch' versteht. Und ist es nicht bei Freud so, wie Alexander Mitscherlich schrieb: "Die Herstellung einer breiten Berührungszone zwischen der rational kontrollierten Bewußtheit und den ungleich mächtigeren, eigentlich produktiven Seelenkräften des Es, des unbewußten Seins also, ist das Ergebnis der gelingenden Selbstverständigung in der Psychoanalyse" (in Freud, 1964, S. 10)? Dann aber steht die "therapeutische Kritik" (Habermas 1981a, Band 1, S. 42ff.) selbst unter den von Habermas explizierten Rationalitätsbedingungen.

Jedenfalls ist "für das kommunikative Handlungsmodell ... Sprache allein unter dem pragmatischen Gesichtspunkt relevant, daß Sprecher, indem sie Sätze verständigungsorientiert verwenden, Weltbezüge aufnehmen, und dies nicht nur wie im teleologischen, normengeleiteten oder dramaturgischen Handeln direkt, sondern auf reflexive Weise". Denn "Verständigung funktioniert als handlungskoordinierender Mechanismus in der Weise, daβ sich die Interaktionsteilnehmer über die beanspruchte *Gültigkeit* ihrer Äuβerungen einigen, d.h. *Geltungsansprüche*, die sie reziprok erheben, intersubjektiv anerkennen" (Habermas, 1981a, Band 1, S. 148).

Habermas weiβ (und sagt es), daβ nur "unter Voraussetzung bestimmter sozialer und institutioneller Konstellationen sowie psychischer Dispositionen" (so der in der Sache irrige Einwand von J. Weiss) rationale kommunikative Akte zustande kommen können, "und es sind diese empirischen Bedingungen der Entwicklung und der Verbindlichkeit von Rationalität, auf welche die Erklärungen einer empirischen Gesellschaftstheorie" - oder einer empirischen Untersuchung psychischer Konstellationen - "zielen müssen" (1986, S. 369). Im übrigen weiβ Habermas ebenfalls, daβ wir von einer systematischen Geschichte der Rationalität noch "weit entfernt sind" (1981a, Band 1, S. 194).

Doch das pragmatische Sprachkonzept erlaubt eine nicht-empiristische Beschreibung dieser Sachverhalte. Wieder lautet die starke Behauptung: die "idealisierenden Unterstellungen", die die Struktur verständigungsorientierten Sprachgebrauchs von den Handelnden verlangt, "fungieren als gesellschaftliche Tatsachen und sind, wie die Sprache überhaupt, für die Reproduktionsform des soziokulturellen Lebens konstitutiv" (1986, S.367). Nur weil und insofern es diese Tatsachen gibt - können wir pointiert hinzufügen - besteht die Chance rationaler Kommunikation auch angesichts des "inneren Auslands". Daher ist, mit den alten und nicht mehr ganz zutreffenden Worten, das Interesse an Mündigkeit oder Emanzipation nicht in einer Triebstruktur an sich angesiedelt. Die rational motivierende Kraft sprachlicher Verständigung läβt die Triebdynamik nicht verschwinden, aber sie ergibt sich auch nicht aus ihr - selbst wenn, mit T.W. Adorno zu reden, dieser "Geist" ein "Entsprungenes", "verwandelte Libido", "abgezweigt von der libidinösen Energie des Gattungswesen Mensch" (1966, S. 184) sein mag. Was - wie alles - zu diskutieren ist.

Der verständigungsorientierte Gebrauch der Sprache ist für Habermas die Normalform unverzerrter Kommunikation, "der originäre Modus der Sprachverwendung" (1986, S. 347). Jedes Verständnis sprachlicher Ausdrücke - in jeder Sprache - verlange die Orientierung an Geltungsansprüchen. Deshalb wohne "schon der sprachlichen Verständigung als solcher eine rational motivierende Kraft inne" (1986, S. 359). Früher habe er den Fehler begangen, den "Grenzfall des reinen, machtgestützten Imperativs" (Geld oder Leben! Down to earth! usw.) als "eine eigene Klasse von Sprechakten zu behandeln" (1986, S. 361). Die Einwände lieβen nicht auf sich warten. Tatsächlich aber hätten wir auch bei diesen Sprechakten einen parasitären Fall vor uns. Ist es nicht so, daβ in den "Grenzfällen eines manifest strategischen Gebrauchs von Sprechhandlungen ... das Verständnis eines solchen Sprechaktes den Verwendungsbedingungen für normativ-autorisierte, nicht-depravierte Aufforderungen entliehen wird? (1986, S. 362) Dies ungeachtetet dessen, daβ "Aufforderungen im Verlauf der Ontogenese zunächst als einfache, sanktionsbewehrte, und erst später als normativ 'gedeckte' Imperative erlernt werden" (1986, S. 401, Fn. 58). Wo ist eine überzeugende Kritik dieser Beweisführung?

Fügen wir noch hinzu: nur eine Kritik der von Habermas entwickelten formalpragmatischen Bedeutungstheorie, die triftig wäre, könnte ihn oder das Herzstück seiner Theorie des kommunikativen Handelns aus den Angeln heben (wie er weiβ und sagt; vgl. 1986, S. 353).

Mein verstorbener Freund Detlef Schwarzburg hat gegen J. Habermas eingewandt, Voraussetzung argumentativer Verständigung über strittige Fragen sei zum Beispiel, daβ aggressive Impulse von jedermann (und jeder Frau) in Schach gehalten werden könnten. Habermas aber setze einfach eine im kommunikativen Handeln anthropologisch angelegte Potenz argumentativer Verständigung voraus (1990, S. 68). Den ersten Satz würde Habermas nicht bestreiten können und wollen. Nur ist mitzudenken: Um überhaupt wissen zu können, was argumentative Verständigung ist, müssen wir ihre Struktur darlegen. Das können wir, weil wir ihre Möglichkeit nicht einfach postulieren, sondern vielmehr in lebensweltlichen Verständigungsprozessen vorfinden. Nur deshalb können wir auch zum Beispiel Aggressionen von gelungenen Verständigungen unterscheiden. Selbstverständlich ist damit die Frage nach der Relevanz von aggressiven Impulsen in menschlichen Dingen bei weitem noch nicht erledigt. Doch "bestimmte formale Bedingungen eines vernünftigen Lebens" können wir erkennen und angeben (vgl. Habermas, 1981a, Band 1, S. 112).

Mehr noch: Selbst wenn sich alle Lebenswelten von Menschen über das Medium verständigungsorientierten Handelns reproduzieren müssen, ist damit über seine Verzerrungen und Entstellungen noch nichts entschieden. Aber die "Ausschöpfung oder Nichtausschöpfung des vernünftigen Potentials der Rede" (1986, S. 376) bildet für uns einen Maβstab des Urteils und zeigt an, inwieweit Einverständnis oder Einfluβnahme im Sinne strategischen (oder gewaltsamen) Handelns vorherrschen. "Soweit Interaktionen nicht über Verständigung koordiniert werden können, bleibt als einzige Alternative die Gewalt, die einer gegen den anderen (mehr oder weniger sublim, mehr oder weniger latent) ausübt" (Habermas, 1984a, S. 547).

Darüber hinaus stellt sich - folgen wir Habermas - ohnedies die Frage, ob der "evolutionäre Trend" einer 'Entkoppelung' von System und Lebenswelt das "methodologische Lebensweltprimat" berührt (1986, S. 383f.)? Das ändert nichts daran: "Nur Kenntnisse über strukturell verankerte, aber gegenläufige Entwicklungstendenzen öffnen den Blick für praktische Eingriffsmöglichkeiten" (1986, S. 391). Universale Verständigung kann in dem Maβe als reale Tendenz gelten, wie soziale Gruppen, Gesellschaften, den Mechanismus der Verständigung für ihre eigenen Koordinationsleistungen in Anspruch nehmen. Mit den Polen vorgängigen Verständigtseins einerseits und jeweils erst zu erzielendem Einverständnis andererseits ist in die kommunikativ strukturierte Lebenswelt - wie Habermas zeigen will und kann - eine "gerichtete Dynamik eingebaut: mit der Zeit verlagern sich die Reproduktionsleistungen von einem Pol zum anderen" (1986, S. 340). Aus dem Reflexivwerden der sozialen Welt ergebe sich auch der "moralische Gesichtspunkt", "weil in den Strukturen verständigungsorientierten Handelns jene Reziprozitäten und Anerkennungsverhältnisse immer schon vorausgesetzt sind, um die *alle* moralischen Ideen kreisen - im Alltag wie in den philosophischen Ethiken" (1983, S. 141).

Aus der Sicht der formalpragmatischen Analyse erschließt sich die strukturelle Möglichkeit einer Rationalisierung von Lebenswelten. Die Beschreibung einer "Versprachlichung des Sakralen" (1981a, Band 2, S. 118ff.) bezeichnet die soziologische Dimension dieses Rationalisierungsprozesses, die "Entbindung des im kommunikativen Handeln angelegten Rationalitätspotentials" (ebda, S. 141). Die hypothetischen Zielzustände einer rationalisierten Lebenswelt (nicht zu verwechseln mit der Utopie eines guten Lebens überhaupt) bezeichnet Habermas als Dauerrevision verflüssigter, reflexiv gewordener kultureller Tradition; Abhängigkeit als legitim geltender gesellschaftlicher Ordnungen vom diskursiven Verfahren der Normsetzung und Normbegründung; risikoreiche Selbststeuerung von Personen durch abstrakte Ich-Identitäten (vgl. ebda, S. 340). Diese Entwicklungstendenzen gibt es. Habermas versucht sie (und ihren Grund) zu erklären. Vergessen wir aber nicht das ganze Programm: "Wenn der formalpragmatisch entwickelte Lebensweltbegriff für gesellschaftstheoretische Zwecke fruchtbar gemacht werden soll, muß er in ein empirisch verwendbares Konzept umgeformt und mit dem Konzept des selbstgesteuerten Systems zu einem zweistufigen Gesellschaftsbegriff integriert werden. Ferner ist eine sorgfältige Trennung zwischen Problemen der Entwicklungslogik und der Entwicklungsdynamik nötig, damit soziale Evolution und Geschichte methodisch auseinander gehalten und aufeinander bezogen werden können. Schließlich muß sich die Gesellschaftstheorie ihres eigenen Entstehungszusammenhangs und ihres Standorts im Kontext unserer Gegenwart bewußt bleiben; auch die starken universalistischen Grundbegriffe haben einen Zeitkern" (1985, S. 350f.).

Habermas' Rekonstruktion des Vernunftbegriffs richtet sich gegen diverse Vereinseitigungen und Verabschiedungen von Rationalität, wie bekannt ist (vgl. bes. 1985). Bei aller Bestimmtheit, die eine wahre Flut von Erwiderungen, Einsprüchen und auch Denunziationen auslöste, hat er selbst die emphatisch auftrumpfenden Begriffe und Positionen verabschiedet; er sieht in ihnen ein letztes

Stück Mythos. "Theoretische Wahrheiten gibt es tatsächlich nur noch in der Form von Plausibilitäten" (1981b, S. 155).

Detlef Schwarzburg fragte, ob Habermas die Reichweite rekonstruktiver Erkenntnis und ihre Funktion für die gesellschaftliche Praxis überschätze (1990,S. 78)? Das ist, wie es heiβt, eine empirische Frage. Aber auch sie kann nicht empiristisch beantwortet werden. Schwarzburg meinte weiter, aus der Perspektive Max Webers könnte Habermas' gesellschaftstheoretische Argumentation "als Konstruktionsversuch unter der 'Wertidee' möglicher Verständigungsformen verstanden werden" (1990, S. 90,Fn 120), eine mögliche Wertbeziehung inmitten des fortwährenden 'Kampfes der Götter' und denkmöglicher Gesichtspunkte (vgl. Weber, 1982, S. 604). Wolfgang Schluchter hat in einem verwandten Sinn formuliert, die Forschungsprogramme eines Marx, eines Weber, Parsons oder Luhmann - und eben auch von J. Habermas - repräsentierten, trotz der Konvergenzthesen von Parsons und Habermas, wonach die grundlegenden soziologischen Traditionen auf höherem theoretischen Niveau 'synthetisierbar' seien (besser: soweit sie das sind), in Wirklichkeit eben doch die untereinander im Kampf liegenden 'Götter' der einzelnen Ordnungen und Werte; "der Konflikt zwischen soziologischen Forschungsprogrammen, die diesen Namen verdienen, ist endemisch, die Divergenzthese für ihre Rekonstruktionen plausibler als die Konvergenzthese, theoretische Positionsbestimmungen (sind) die Folge von Entscheidungen, für die die Begründung erst allmählich und vermutlich nie ohne einen Rest von Zweifel nachgeliefert werden kann und deren Tragfähigkeit sich erst in langer Frist erweist" (1988, Bd. 1, S. 110). Von meinen eigenen, u.a. an Weber gewonnenen Vermutungen her, liegen mir solche Betrachtungen selbst nahe. Das Licht der groβen Kulturprobleme, wie Weber am Ende seines Objektivitätsaufsatzes sagte (1982, S. 214), läβt sich wahrscheinlich nie in einem Strahl bündeln - und sei es nur für eine beschränkte Zeit und einen begrenzten Horizont.

Bei Lichte besehen will J. Habermas dies auch gar nicht. Das "Einheitsdenken" wird jedenfalls von ihm mit vortrefflichen Gründen verabschiedet, ohne daβ er, wie die "Allzuvielen", sich irgendeinem bevorzugten Ursprünglichen, Heterogenen, Schrecken oder Entzücken dunkel raunend an den Hals wirft. Dies genau ist der 'Stachel': "eine Kritik am abendländischen 'Logozentrismus', die nicht ein Zuviel, sondern ein Zuwenig an Vernunft diagnostiziert" (1985, S. 361).

Sein "geistiges Zentrum" (vgl. Schluchter, 1988, S. 16) ist dabei die kommunikative Rationalität und der mit ihr verbundene prozedurale Vernunftbegriff. Das ist keine Theorie, "die uns die Erreichbarkeit eines Vernunftideals vorgaukelt" (Habermas, 1988, S. 184); sie belehrt uns aber darüber, wie wir uns Pluralisierung von Lebensformen und Individualisierung von Lebensstilen ohne Vereinseitigungen und ohne die Abdankung oder Umnachtung von Vernunft denken können. "Je mehr Diskurs, umso mehr Widerspruch und Differenz. Je abstrakter das

Einverständnis, umso vielfältiger die Dissense, mit denen wir *gewaltlos* leben können" (ebda, S. 180). Max Horkheimer hat einmal davon gesprochen, daß erst in einer sozialistischen Gesellschaft wahrhaft Pluralismus möglich sei. Mit J. Habermas können wir wissen, warum trotz des "Nebels", der heute überall liegt (1981b, S. 155), der "vernünftige Gehalt des Sozialismus, d.h. einer Lebensform, die Autonomie und Selbstverwirklichung in Solidarität ermöglichen soll" (Habermas, 1985, S. 373), als "selbstkorrekturfähiges ... Projekt heute so essentiell wie eh und je" ist (1979, S. 94).

Es versteht sich (nicht von selbst), daß "wir die Möglichkeit einer Falsifikation auch bei überzeugend begründeten, als gültig akzeptierten Theorien nicht ausschließen können" (Habermas, 1986, S. 352). Wenn denn sein Werk schlüssig kritisiert werden kann und soll, dann jedenfalls nicht allein und keinesfalls zureichend von außen. Mit dem alten Hegel: nur wer sich auf die Stärke eines Gedankens einläßt, kritisiert vernünftig. Diese Kritik an J. Habermas steht, denke ich, noch aus. Bis dahin, bis auf weiteres, gelten daher auch für die Herzstücke des Werkes seine eigenen Sätze: "Etwas für wahr halten heißt: etwas definitiv für wahr halten. Und etwas wissen heißt: daß es kritisiert werden kann. Beides gehört zusammen" (1986, S. 351). Um mit der Metapher Webers zu enden: noch ist das Licht der großen Kulturprobleme über die Potentiale und Chancen kommunikativer Vernunft nicht hinweggezogen. Noch verliert sich der Weg nicht vollends in der Dämmerung oder in der Eiswüste verselbständigter gesellschaftlicher Prozesse und Systeme. Die Chance jeder Verständigung und aller Demokratie hängt daran.

ZITIERTE LITERATUR

Adorno, T.W.: Negative Dialektik, Frankfurt/M. 1966

Arendt, H.: Vita activa oder Vom tätigen Leben,(1960) München o.J.

dies.: Vom Leben des Geistes, Bd. 2, Das Wollen, München 1979

Freud, S.: Zur Psychopathologie des Alltagslebens. Mit einem Vorwort von A. Mitscherlich, Frankfurt/M 1964

Habermas, J.: Interview (1979), in: Horster, D., Habermas zur Einführung, Hannover 1980

ders.: Theorie des kommunikativen Handelns, 2 Bände, Frankfurt/M 1981 (a)

ders.: Dialektik der Rationalisierung. J. Habermas im Gespräch, in Ästhetik und Kommunikation 45/46, 1981, S.126ff. (b)

ders.: Moralbewußtsein und kommunikatives Handeln, Frankfurt/M 1983

ders.: Vorstudien und Ergänzungen zur Theorie des kommunikativen Handelns, Frankfurt/M 1984 (a)

ders.: Philosophisch-politische Profile. Erw. Ausgabe, Frankfurt/M 1984 (b)

ders.: Der philosophische Diskurs der Moderne. 12 Vorlesungen, Frankfurt/M 1985
ders. Entgegnung, in: A. Honneth/H. Joas (Hrg.), Kommunikatives Handeln. Beiträge zu J. Habermas' "Theorie des kommunikativen Handelns", Frankfurt/M 1986, S. 327ff.
ders.: Nachmetaphysisches Denken. Philosophische Aufsätze, Frankfurt/M 1988
Marx, K./Engels, F.: Manifest der Kommunistischen Partei (MEW 4)
Marx, K.: Das Kapital. Kritik der politischen Ökonomie. Erster Band, (MEW 23)
Schluchter, W.: Religion und Lebensführung., Bd.1, Frankfurt/M 1988
Schwarzburg, D.: Abstraktes Denken und verwissenschaftlichte Gesellschaft. Zum Theorie-Praxis-Verhältnis bei Weber, Habermas, Popper und Feyerabend, Frankfurt und Hannover 1990
Weber,M.: Die 'Objektivität' sozialwissenschaftlicher und sozial-politischer Erkenntnis, In: Gesammelte Aufsätze zur Wissenschaftslehre, hg. von. J. Winckelmann, Tübingen 1982, S. 146 ff.
ders.: Wissenschaft als Beruf, ebda, S. 582ff.

Autorenhinweis

Prof. Dr. Klaus **Christoph**
Institut für Politische Wissenschaft der Universität Hannover

Prof. Dr. Detlef **Horster**
Philosophisches Seminar der Universität Hannover

Prof. Dr. Oskar **Negt**
Institut für Soziologie der Universität Hannover

Prof. Dr. Gert **Schäfer**
Institut für Politische Wissenschaft der Universität Hannover

Prof. Dr. Horst **Siebert**
Fachbereich Erziehungswissenschaften I der Universität Hannover, Lehrgebiet Erwachsenenbildung und Außerschulische Jugendbildung

Prof. Dr. Jörg **Zimmermann**
Fachhochschule Hannover, Fachbereich Kunst und Design

DISKUSSIONSBEITRÄGE
Reihe des Instituts für Politische Wissenschaften der Uni Hannover

In dieser Reihe werden in unregelmäßigen Abständen Texte von Dozenten, Studenten und Gästen des Instituts veröffentlicht.

Bisher sind erschienen:

D 1
BERNHARD BLANKE
Demokratische Verfassung und "Verfassungsfeinde"
Die Spaltung der Demokratie; Zur Regelung des Zugangs zum öffentlichen Dienst in der Bundesrepublik seit 1972
34 S., geh., 1979, 5,20 DM
D 2
HANS JESSEN/INGRID SCHMALZ
Zur sozialen Lage der Studenten in Hannover
Eine empirische Untersuchung der Studierenden an den Wissenschaftlichen Hochschulen Hannovers, Hrsg. u. eingel. v. Michael Vester
109 S. Pb., 1979, 11,80 DM
D 3
SHLOMO NA'AMAN U. A.
Gibt es einen wissenschaftlichen Sozialismus?
Marx, Engels und das Verhältnis zwischen sozialistischen Intellektuellen und den Lernprozessen der Arbeiterbewegung, Hrsg. u. eingel. v. Michael Vester
128 S. Pb., 1979, 15,20 DM
D 4
KLAUS CHRISTOPH
Zum Verhältnis von "kritischer Rationalität" und "Betroffenheit" in der politischen Didaktik
Eine Kritik
30 S. geh., 1979, 5,20 DM
D 5
AXEL SCHULTE
Der Konsens in der politischen Bildung
Demokratischer Rahmen oder Mittel zur Ausgrenzung von Gesellschaftskritik und Alternativen - Zur Diskussion über Konsens und Pluralismus in der neueren politischen Bildung
48 S. geh., 1980, 15,80 DM

D 6
KLAUS CHRISTOPH U. A.
Praxisorientierung und neue Lernformen in der Lehrerausbildung
Analysen, Berichte, Experimente
128 S. Pb., 1980, 15,80 DM
D 7
GERT SCHÄFER
Marxismus und Bürokratie
Umriß einer theoretischen und politischen Auseinandersetzung
92 S. Pb., 1981, 10,20 DM
D 8
PETRA JOST U. A.
Die staatliche Wohnungsbaupolitik
Unter besonderer Berücksichtigung des sozialen Wohnungsbaus
111 S. geh., 1981, 11,80 DM
D 9
WOLFGANG KREUTZBERGER
Rechtsradikalismus in der Bundesrepublik
Versuch einer Zwischenbilanz
87 S. Pb., 1982, 2. A. 1983, vergriffen
D 10
WOLFGANG ABENDROTH U. A.
Gegen den Strom - KPD-Opposition
Ein Kolloquium zur Politik der KPO 1928 - 1945, Hrsg. u. eingel. v. Jürgen Kaestner
115 S. Pb., 1984, 23,80 DM
D 11
MARIANNE LEHKER
Frauen im Nationalsozialismus
Wie aus Opfern Handlanger der Täter wurden - eine nötige Trauerarbeit
132 S. Pb., 1984, 23,80 DM
D 12
ANGELIKA ZEISBERG
Die Sannyasins in Bad Bhagwan
Geschichte ihrer sekundären Sinnangebote als Antwort auf das neue Phänomen der Postadoleszenz
122 S. Pb., 1987, 23,80 DM
D 13
DETLEF SCHWARZBURG
Abstraktes Denken und verwissenschaftlichte Gesellschaft

Joachim Hirsch, Josef Esser, Wolfgang Fach u.a.
Modernisierungspolitik heute

Hg.v. Stephan Bröchler und Hans-Peter Mallkowsky
MP 32, ca. 120 S. Pb, ca. 26,80, ISBN 3-88535-131-5

Die Gestaltung des Modernisierungsprozesses durch den Staat und die Parteien ist in den letzten Jahren zu einem stark diskutierten Thema in der Öffentlichkeit geworden. Hierbei hat sich das Interesse auf die Bundesländer konzentriert. Da das Verwaltungshandeln neben den Kommunen den Ländern obliegt, ist es vornehmlich ihnen darum zu tun, dieses nun zu modernisieren und seinen Bezug auf die Wirtschaft, die sozialen Gruppen und die Bürger neu zu regulieren. So sind bisher auch erst die Länder mit neuen, umfassenden Politikkonzepten hervorgetreten. Und es sind Baden-Württemberg und Nordrhein-Westfalen, die die ersten ausgearbeiteten Konzeptionen vorgelegt haben. Ihre Vorlagen bestimmen immer noch wesentlich die Debatte und bilden die Pole, auf die die anderen Entwürfe bezogen werden.

Dieses Buch untersucht mit seinen 11 Beiträgen die neue Modernisierungspolitik von Baden-Württemberg und Nordrhein-Westfalen, vergleicht sie miteinander und stellt ihre Bewertung in den allgemeinen Kontext der Diskussion um den Modernisierungsprozess und um die allgemeinen Grundlagen einer Modernisierungspolitik. Im Mittelpunkt jeder Modernisierungspolitik steht heute die Frage nach einem sozialverträglichen und sozialakzeptierten Einbau der neuen Informationstechnologien in die existenten Strukturen oder aber deren Umbau.

Die Vision einer neuen informationellen Landespolitik durch Lothar Späth, den Ministerpräsidenten von Baden-Württemberg, setzt darauf, daß der Zeitgeist heute wieder von der Technik bestimmt ist, daß die positiven Effekte der neuen Technologien die negativen überwiegen und daß die alles bestimmenden Gesetze der Ökonomie über die verschärfte Weltmarktkonkurrenz genug Zwänge ausüben, damit sein neuer Politikmix von all dem getragen werden kann. Dieser Mix soll dann mittels der Informationstechnologien das Verwaltungshandeln sowohl beschleunigen und zentralisieren als ihm auch eine höhere Kompatibilität mit dem Wirtschaftshandeln verleihen. Zugleich soll der Staat den Wissenstransfer von den Universitäten zur Wirtschaft beschleunigen helfen. Den sozialen Gruppen und den Bürgern gegenüber soll der Staat sowohl als viel effektiverer Sachwalter als auch als ihr direkter Repräsentant auftreten, der zugleich ihre Einstimmung auf den Modernisierungsprozess betreiben soll.

Die Modernisierungspolitik von Nordrhein-Westfalen weicht von diesem Konzept in 2 Punkten ab: sie versucht neben den Akteuren Wirtschaft und Wissenschaft auch die Verbände der sozialen Gruppen d.h. bisher nur die Gewerkschaften in das Diskursmodell einer Kommission einzubinden. Hier tritt dann der Staat als Schiedsrichter auf, während die Gruppen und Verbände die Sozialverträglichkeit der Modernisierungspolitik diskutieren und ihre Konflikte rational austragen. In der Technikfolgenabschätzung hat NRW zudem die soziale Dimension und ihre sozialwissenschaftliche Untersuchung integriert.

Die 5 allgemeinen Beiträge des Bandes zeigen u.a., wie sehr diese ganze Debatte sowohl vor dem Hintergrund einer realen fordistischen Deindustrialisierung und eines sich abzeichnenden Postfordismus als einer neuen Modernisierungsmodells steht, als auch daß die Modernisierungsfrage in das Zentrum der ganzen Politik rückt und daß die Neukonservativen sich zum ideologischen Träger dieses neuen Modells zu machen bestrebt sind. Demgegenüber haben sich die Gegenkräfte noch nicht genugsam geltend gemacht. Ihre erste Aufgabe ist aber wie immer die Kritik. Dazu leistet dieses Buch einen ersten zusammenhängenden Beitrag.

Zu den Autoren: JOACHIM HIRSCH und JOSEF ESSER sind Professoren am Fachbereich Sozialwissenschaften der Uni Frankfurt. WOLFGANG FACH ist Professor für Politische Wissenschaften an der Uni Konstanz. JOSEF SCHMID ist wiss. Mitarbeiter für Politische Wissenschaft an der Uni Bochum. GEORG SIMONIS ist Privatdozent und wissenschaftlicher Mitarbeiter im Forschungsprojekt SoTech. HANS-PETER MALLKOWSKY ist Dipl. Verwaltungswissenschaftler und Referent in der »Denkfabrik« der Staatskanzlei Schleswig-Holstein. STEPHAN BRÖCHLER ist Dipl.-Verwaltungswissenschaftler und wissenschaftlicher Mitarbeiter im Fach Politische Wissenschaft an der Gesamthochschule Duisburg. KLAUS ERDMENGES und ANDREAS MAUCHER sind wissenschaftliche Mitarbeiter im Fach Politische Wissenschaft an der Uni Konstanz.

Rainer Langhans, Matthias Horx, Klaus Meschkat, Michael Vester u.a.
Greifen nach Sternen und Steinen

Zum Lernprozeß und zur Selbstreflexion der neuen Sozialen Bewegungen (1968 - 1988)
Hrsg. v. Gerhard Stamer, Anne Dudeck, Rainer Marbach
EE 12, Materialis, ca. 168 S. Pb, ca. 29,80 DM, Januar 1989

Das Jahr 1968 ist zum Symbol geworden für den Aufbruch einer weltweiten, linken Opposition. Generationen von Jungen haben sich diesem seitdem – mit verschiedenen konkreten Zielsetzungen und unterschiedlichen kulturellen Stilen – angeschlossen. Denoch hat sich kein grundlegender Wandel in den Verhältnissen vollzogen. Demgegenüber ist zwar der Wandel in den Beziehungen und in den Subjektverfassungen unbestreitbar, er reicht offenbar aber noch nicht aus, um eine weitergehende Wandlung zu induzieren.

Angesichts des in unseren Tagen verbreiteten Katastrophismus kommt es darauf an, neue Problematisierungen und Praktiken zu entwickeln, die die Träume von einem Reich der Freiheit neu aktualisieren. Es geht darum, mit überraschenden Neuorientierungen und Aktionen, die linke Opposition zu beleben.

Dieses Buch sucht den Zusammenhang, die Entwicklung und den Lernprozeß der neuen sozialen Bewegungen und des politischen Widerstands in der Bundesrepublik von 1968 bis heute darzustellen.

Es will damit Beiträge für die Erarbeitung eines Selbstbewußtseins der neuen sozialen Bewegungen erbringen. Unter den Leitfragen: Wo kommen wir her? Wo stehen wir? Wohin wollen wir? werden folgende Themen diskutiert:
- Individuelle und gesellschaftliche Emanzipation
- Politische Opposition zwischen innen- und außenpolitischer Orientierung
- Systemveränderung und Reformpolitik
- Neue soziale Bewegungen und Arbeiterbewegung
- Frauenbewegung – Vom Weiberrat zur Frauenbeauftragten
- Erwachsenenbildung zwischen politischer Bildung und Qualifizierungsoffensive – Selbstorganisation contra Haushaltskürzungen.

Die Autoren sind u.a.: Karl Werner Brand, Anne Dudeck, Michael Holy, Matthias Horx, Jan Kuhnert, Rainer Langhans, Klaus Meschkat, Joscha Schmierer, Karl-Ludwig Schibel, Christian Semler, Heide Soltau, Gerhard Stamer, Gerburg Treusch-Dieter, Michael Vester.

Mechthild Rumpf
Spuren des Mütterlichen

Die widersprüchliche Bedeutung der Mutterrolle für die männliche Identitätsbildung in Kritischer Theorie und feministischer Wissenschaft
FF 7, Materialis,1 48 S.Pb, 29,80 DM, ISBN 3-885-35-125-0, September 89

Angesichts seiner sich radikalisierenden Vernunftkritik bekommt das Mütterliche für Horkheimer den Status eines Gegenbildes. Es erhält für ihn eine mystische Aura, aus der heraus er eine Utopie der guten Mutter entwickelt. In dieser ist das Mütterliche das Andere der instrumentell halbierten Vernunft. Zugleich beklagt er das Schwinden der mütterlichen Spuren im männlichen Subjekt. Die Ursachen hierfür sieht er sowohl in der immer abstrakter werdenden Vaterimago als auch in der Vergesellschaftung der Frau, die ihre mütterlichen Funktionen reduziert und rationalisiert. Diese Erklärung bleibt aber ideologisch befangen, da sie die Mutter-Frau nur nach den Ansprüchen bewertet, die eine männliche Subjektivität an sie stellt. Horkheimer will nicht begreifen, daß der der Frauen vorenthaltene Subjekt-Status ihrerseits auf die Mutter-Kind Beziehung durch-schlägt. Er verbleibt damit noch in der klassengesellschaftlich-patriarchalen Perspektive. Erst wenn Horkheimer die Forderungen, die er in der Utopie der guten Mutter nur an die Frauen stellt, an alle Menschen stellte – auch an die Männer –, hätte er diese ideologische Befangenheit verloren.

Demgegenüber versuchen die feministischen Autorinnen (Nancy Chodorow, Jessica Benjamin) aus den USA einen Paradigmenwechsel, indem sie die Intersubjektivität in den Mittelpunkt zu rücken versuchen. Es zeigt sich aber für MR, daß die Erringung des Subjektstatus der Frau für sie im Mittelpunkt steht. Das implizite Ziel ihrer Argumentationsstrategie ist entweder durch das Verhalten der Mutter verhindern zu wollen, daß das männliche Kind die patriarchalisch-gesellschaftlich vorbestimmte Rolle übernimmt, oder die vorgegebenen Strukturen als so umfassend totalitär geprägte zu erklären, daß die Anvisierung von Veränderungen außerhalb des Feminismus als aussichtslos erscheint. Hier versucht MR differenzierend und zurechtrückend mit ihrer Kritik einzugreifen, um zur Erarbeitung einer weiterreichenden feministischen Perspektive beizutragen.